Evangelhos que Paulo Jamais Pregaria

CPAD

Ciro Sanches Zibordi

1ª edição

Evangelhos que Paulo Jamais Pregaria

Rio de Janeiro
2006

Capa, projeto gráfico e editoração: Alexander D. R. da Silva
Preparação dos originais e Revisão: Ciro S. Zibordi

CDD: 239 - Apologética Cristã
ISBN:978-85-263-0798-8

As citações bíblicas foram extraídas da versão Almeida Revista e Corrigida, edição de 1995 da Sociedade Bíblica do Brasil, salvo indicação em contrário.

Para maiores informações sobre livros, revistas, periódicos e os últimos lançamentos da CPAD, visite nosso site: http://www.cpad.com.br

SAC — Serviço de Atendimento ao Cliente: 0800 701-7373

Casa Publicadora das Assembléias de Deus
Caixa Postal 331
20001-970, Rio de Janeiro, RJ, Brasil

1ª edição/2006

3ª Edição 2007

Dedicatória

Ciro, servo de Jesus Cristo, aos líderes, ensinadores, pregadores, seminaristas e professores de escola dominical.

Aos santos que desejam seguir aos passos de Cristo, como Paulo, que era o seu imitador.

Aos servos do Senhor que têm a Palavra de Deus como fonte primária de autoridade.

Aos casais Maurilo Gonçalves de Freitas e Iolanda; Nilton Coelho e Ângela; Silvio Tomé e Adriana.

Graça, misericórdia e paz a todos, da parte de Deus, nosso Pai, e da do Senhor Jesus Cristo.

Agradecimentos

Dou graças a Deus, nosso Pai, a quem sirvo desde a adolescência, e a Jesus Cristo, que me chamou à sua obra, abrindo-me uma "porta grande e eficaz" para a pregação do evangelho.

Agradeço à minha querida esposa, Luciana, por me compreender em todos os momentos. E à pequena e preciosa Júlia — seus singelos gestos e sorriso inundam o meu coração! A saudade é grande, a cada viagem...

Sou grato aos meus pais, pela formação que me deram, no caminho do Senhor, e a toda a minha família — irmãos, sobrinhos, tios, primos, sogros, cunhados...

Agradeço ao amigo Ronaldo Rodrigues de Souza, que acreditou neste trabalho e me incentivou a prepará-lo. Que o Senhor Jesus abençoe esse homem de Deus, bem como a sua esposa, irmã Carla Ribas, e a sua linda família.

Não poderia deixar de agradecer de modo especial ao pastor Antonio Gilberto. Além de ser um grande amigo, exemplo em tudo e incentivador, ajudou-me sobremaneira na preparação desta obra ao me presentear com o primoroso *Dicionário Bíblico*, de John L. McKenzie.

Agradeço ao pastor e amigo Moisés Cecílio, pela sua grande contribuição, poucos dias antes da entrega dos originais desta obra à editora, ao fazer pertinentes sugestões. Que o Senhor o abençoe mais e mais, juntamente com a sua querida esposa, irmã Mariene, e família.

Dou graças a Deus pelas vidas de Francisco José da Silva e Hosana; José Prado Veiga e Edna; Valdir Bícego (*in memoriam*) e Maria José. Conquanto Jesus, o Bom Pastor, seja o nosso maior referencial (Mt 11.29), esses pastores e suas valorosas esposas têm contribuído sobremaneira para o meu amadurecimento na fé.

Quanto aos amigos cujos nomes não foram aqui mencionados, isso se deve à limitação de espaço desta seção.

Ao único Deus verdadeiro seja dada glória por Jesus Cristo para todo o sempre. Amém!

Prefácio

Escolhi o apóstolo Paulo para ser o protagonista desta obra por algumas razões. Primeiro, depois de Jesus Cristo, ele é o maior referencial do cristianismo. Segundo, era imitador de Cristo (1 Co 11.1). Terceiro, só falava o que recebia do Senhor (1 Co 11.23). E, por último, Deus o escolheu para ser um defensor do verdadeiro evangelho: "... fui posto para defesa do evangelho" (Fp 1.16).

A primeira pergunta que alguns amigos me fizeram, ao tomarem conhecimento do título deste livro, foi:

— Por que *Evangelhos que Paulo Jamais Pregaria* se o evangelho de Jesus Cristo é um só?

De fato, o verdadeiro evangelho — que é poder de Deus para salvação de todos os que crêem — é único. Mas o apóstolo Paulo, inspirado pelo Espírito Santo, demonstrou muita preocupação quanto à pregação de "outro evangelho" (Gl 1.8). Ele sabia que Satanás, além do mal declarado, vale-se do falso bem, isto é, das falsas boas novas para enganar os desavisados.

Faz-se, pois, necessário distinguir não apenas o verdadeiro do falso, mas também o verdadeiro do meio-verdadeiro. E eu temo, assim como o imitador de Cristo temia, que os crentes de hoje, seduzidos pela "antiga serpente", tenham os seus sentidos corrompidos e se apartem da simplicidade que há em Cristo, seguindo a outros evangelhos (2 Co 11.3,4).

É comum, nesse tempo pós-moderno, ignorar quem levanta preocupações quanto à manutenção da sã doutrina, tachando-o de "caçador de heresias". Num primeiro momento, alguns leitores poderão até pensar que estou contra tudo e todos, principalmente ante o expressivo crescimento numérico dos evangélicos. Há pouco tempo, a revista *Veja* publicou uma matéria de capa, pela qual enaltece a atual postura das igrejas evangélicas.

Como podemos ter tanta certeza de que Paulo não pregaria determinados evangelhos? A única maneira de responder a essa pergunta é confrontando os ensinamentos da atualidade com os que o doutor dos gentios, inspirado pelo Espírito Santo, apresentou aos crentes de sua época. O meu desejo é levar o leitor a uma reflexão sobre a nossa realidade à luz da Palavra de Deus. Afinal, ela é e sempre será a fonte máxima de autoridade.

Apesar da grande quantidade de citações das epístolas de Paulo nesta obra, a minha intenção não é defender uma teologia paulina, e sim o verdadeiro evangelho de Cristo, da mesma maneira que o imitador de Cristo faria se vivesse em nossos dias.

Não quero que os leitores me vejam como alguém pretensioso ou presunçoso, porém julgo necessário que surjam, em nosso tempo, homens corajosos como Paulo, que defendam com intrepidez o evangelho de Cristo. E, se ele disse: "Sede meus imitadores, como também eu, de Cristo" (1 Co 11.1), por que não imitá-lo como defensor da verdade?

Como as obras apologéticas costumam ser "pesadas" em suas análises, resolvi abordar cada falso evangelho com uma boa dose de bom humor, não obstante o meu objetivo seja — parafraseando o doutor dos gentios —, antes de tudo, entregar o que recebi do Senhor, segundo as Escrituras.

Ciro Sanches Zibordi
Niterói, RJ, julho de 2006

Sumário

E se Paulo nos Fizesse uma Visita?

Além das cousas exteriores, há o que
pesa sobre mim diariamente, a preocupação
com todas as igrejas.

2 Coríntios 11.28, ARA

Se Paulo nos fizesse uma visita, como reagiria ante os falsos evangelhos pregados na atualidade? Como receberíamos os seus ensinamentos? Seria ele amado por defender a verdade, ou o consideraríamos *persona non grata*? O que pensaria ao visitar igrejas, comunidades, seminários teológicos e ao conversar com os irmãos?

Bem, convido você a imaginar como seria uma visita de Paulo às igrejas de nosso tempo...

A chegada

Chegando ao Brasil, Paulo é recepcionado por uma comitiva de pastores, que o convidam a conhecer, em certa cidade, o grande templo ecumênico da *Igreja Paz & Amor*. Só não me pergunte como ele já chegou falando a língua portuguesa! Afinal, isso é uma narrativa fictícia.

— Que evangelho é esse? — Pergunta Paulo, ao ouvir religiosos (católicos, espíritas, praticantes de ioga e "evangélicos") afirmando que todas as pessoas têm a sua verdade, e que todos os caminhos levam a Deus. — Esse povo ainda não sabe que o ecumenismo é uma estratégia diabólica para desviar as pessoas da verdade?

Alguns pastores percebem a impaciência do apóstolo e o chamam para uma conversa reservada:

— Irmão Paulo, estamos no terceiro milênio, e a humanidade busca de todas as formas a paz mundial. O irmão não acha interessante essa iniciativa de todas as religiões se unirem em amor? Deus é amor, e o mais importante é que as pessoas se amem e vivam em paz, não acha?

— Ora, quem os autorizou a passar do evangelho de Cristo para outro evangelho? Vocês não leram Efésios? O Senhor Jesus deu obreiros à sua Igreja para aperfeiçoamento dos santos, a fim de que cheguemos à unidade da fé, não sendo mais meninos, inconstantes, enganados por falsas doutrinas. A unidade deve ser em torno da Palavra de Deus, e não baseada em nossa própria verdade.

Paulo e sua comitiva partem para outra cidade, mais distante, pois ele recebera informações sobre doutrinas e costumes de algumas igrejas que o deixaram preocupado. A cada viagem, tudo é novo para o apóstolo, que, a bordo do avião, vê de cima, maravilhado, cidades e mais cidades.

— Ah, se eu pudesse contar com esse meio de transporte na época em que comecei a pregar... Será que as igrejas de hoje sabem valorizar os recursos e as oportunidades que têm para anunciar o evangelho?

Chega, então, à *Comunidade Tudo Posso*, cujo templo encontra-se cheio de pessoas e com as luzes parcialmente apagadas. Depois de duas horas de reunião, o apóstolo só tinha ouvido música pesada, gritinhos frenéticos, assobios estridentes, além de ter estranhado as danças, etc. Nada de louvor a Deus e pregação da Palavra.

— Eu pensava que isso era um culto a Deus... deve ser apenas uma reunião para entreter o povo. Certamente, os líderes dessa denominação ignoram o que eu escrevi em Romanos e 1 Coríntios. Ao que tudo indica, essa igreja se conformou com o mundo.

— Irmão Paulo — cochichou um dos pastores. — Não é uma igreja; é uma co-mu-ni-da-de.

— Ah, sim... obrigado. — Agradece Paulo.

Tentando dirigir-se ao bispo da comunidade, a fim de lhe pedir uma oportunidade para transmitir uma mensagem a todos, Paulo se decepciona. A solicitação lhe foi negada por um assessor do "inatingível" líder, por uma simples razão: o tempo destinado à Palavra de Deus fora substituído por músicas, coreografias e apresentações teatrais...

Momentos de reflexão

Comovido em si mesmo, vendo o povo tão entregue ao entretenimento, sem quase nenhum temor a Deus, o imitador de Cristo viaja pensativo para outra cidade, a fim de visitar uma enorme e suntuosa catedral da *Igreja Tudo por Dinheiro.*

Nova decepção! Depois de participar de algumas reuniões, Paulo desabafou aos membros da comitiva:

— Irmãos, isso é o evangelho da prosperidade! Os líderes ficam ricos, e os membros, com exceção de alguns, cada vez mais pobres. Além disso, pouco ou quase nada foi falado sobre a obra redentora do Senhor Jesus Cristo. Será que esse povo já ouviu falar sobre o Arrebatamento e a necessidade de serem santos?

— Paulo, hoje muitas igrejas pregam mensagens de auto-ajuda, para o dia-a-dia das pessoas. Que mal há nisso? — Pergunta um dos pastores.

— Que mal há nisso? Ora, você parece que nunca leu as Escrituras! Será que eu disse em vão aquelas palavras registradas em 1 Coríntios 15.19?

— Quais? — Pergunta o pastor.

— Você é um obreiro e ainda não conhece esse versículo de cor? Vou citá-lo: "Se esperarmos em Cristo só nesta vida, somos os mais miseráveis de todos os homens". Como os irmãos podem ver, quem valoriza demais a prosperidade material pode estar abrindo mão das riquezas que teremos no porvir. Algum de vocês se lembra do que está escrito em Romanos 14.17?

— Ah, irmão Paulo, esse versículo eu sei: "porque o Reino de Deus não é comida nem bebida, mas justiça, e paz, e alegria no Espírito Santo". — Disse um dos integrantes da comitiva.

— Muito bem. Pratiquem isso, então. A prosperidade material é importante, porém o essencial é estar em comunhão com o Senhor, amando e esperando a sua vinda.

Aproveitando um momento em que os pastores estavam entretidos contando algumas anedotas do meio evangélico, Paulo resolve retirar-se para o hotel, a fim de orar um pouco — ele ainda não se conformara com o fato de ter participado de cultos ditos evangélicos em que os dirigentes fizeram diversos levantamentos de "ofertas".

Depois de um momento de oração de joelhos, levantando mãos santas, o imitador de Cristo abre uma Bíblia de estudo que ganhara de um pastor e lê uma nota de rodapé pela qual se afirma que o espinho na carne mencionado em 2 Coríntios 12.7 era uma enfermidade em seus olhos.

Com um riso de canto de boca, ele pensa:

— Ah, se eles soubessem...

Um pouco mais longe

Após alguns dias, Paulo e sua comitiva viajam para fora do Brasil, pretendendo conhecer a *Igreja dos Anjos Adoráveis*, cujo líder diz ter recebido de Deus as revelações que Paulo tivera no terceiro céu. O apóstolo estava curioso, pois nem ele recebera autorização do Senhor para falar do que havia visto e ouvido no Paraíso...

Chegando ao grande e suntuoso templo, juntou-se ao povo para ouvir a pregação. Claro que antes teve de acompanhar, a pulso, um verdadeiro programa de auditório. Eloqüente, mas sem compromisso com a única fonte de autoridade confiável, a Palavra de Deus, o pregador toma o microfone e começa a discorrer sobre anjos e experiências exóticas, tendo ao fundo obreiros que andam de um lado para o outro e conversam com a parede, como se estivessem vendo seres angelicais...

— Ora — pensa Paulo, com indignação. — Isso é culto aos anjos, que eu combati, ao escrever aos Colossenses.

Mas o que o pregador disse depois foi ainda pior:

— Quando eu visitei o céu e o inferno, recebi revelações extraordinárias. E Deus quer que vocês vejam o seu mover nessa última hora. O Pai me escolheu para ser o seu profeta. Preparem-se para um grande "arrebatamento em grupo"; você não vai suportar e cairá de tanto poder...

Surge então um homem com um *shofar*, as luzes se apagam, e, ao toque do berrante, pessoas caem ao chão, rugem, riem, mugem, choram, gemem, enquanto outras batem os braços, inclinadas para frente, como se fossem pássaros...

Transtornado com o que vê e ouve, Paulo brada, dirigindo-se ao pregador:

— Onde você aprendeu isso? Eu, que recebi do Senhor o que ensinei, afirmei que até mesmo um anjo do céu deveria ser considerado anátema, caso pregasse outro evangelho. E o que vejo aqui? — Afirma, voltando-se agora ao auditório.

— Este homem que está pregando a sua própria mensagem, e não a que recebeu do Senhor, quer dominá-los a bel-prazer, com pretexto de humildade e culto aos anjos. Saibam que ele fala de coisas que não viu e está inchado em sua carnal compreensão. — Conclui.

Os irmãos da comitiva acalmam Paulo e o tiram do templo, pois o povo, que praticamente idolatra o famoso "mensageiro da última hora", está disposto a linchar Paulo pela maneira "desrespeitosa" com que se dirigiu àquele "santo homem de Deus".

— Se esse povo fizesse como os bereanos, que recebiam de bom grado as pregações, verificando se elas estavam de acordo com a Palavra de Deus, jamais aceitaria esse falso evangelho. — Lamentou.

Bem-humorado

Na viagem de volta, ao revelar aos pastores da comitiva a sua tristeza pelo que vira, um deles lamenta:

— Irmão Paulo, no Brasil há muitas igrejas em que a Palavra de Deus perdeu a primazia. Há cultos em que pessoas recebem dentes de ouro, calvos dizem sair da reunião com cabelo, obesos emagrecem...

— Mas isso é igreja ou salão de beleza? — Interrompe Paulo, deixando transparecer o seu lado irônico e bem-humorado.

— É verdade! Não havia necessidade de sairmos do Brasil para vermos cultos exóticos. No entanto, foi bom termos feito isso, haja vista muitos dos modismos em voga em nosso país terem vindo de fora, como a unção do riso, o rugido do leão, o chamado cair de poder... — Responde outro pastor.

— Aliás, eu estava lendo um livro pelo qual se afirma que os pioneiros do movimento pentecostal brasileiro experimentaram manifestações extraordinárias do Espírito, a ponto de caírem prostrados, sem forças ou alegrarem-se ao extremo, rindo — comenta Paulo. — Porém, ao que me parece, hoje tem havido distorções, pois também ouvi vocês comentando que há pregadores que sopram o microfone e giram a túnica, quer dizer, o... Como é o nome mesmo?

— Paletó. — Informa um pastor.

— Isso. Obrigado. Mas, como eu ia dizendo, ouvi que há pregadores que giram o paletó sobre a cabeça, como se fosse uma hélice daquela carruagem que voa...

— Helicóptero, irmão Paulo.

— Isso mesmo. — Risos. — Obrigado, mais uma vez... — O que os irmãos pensam sobre isso? As igrejas de hoje toleram esses modismos? Se eu fizesse isso em Beréia, nunca mais pregaria lá! — Mais risos. — Em Corinto, talvez eles aceitassem, pois aquele povo gostava muito de novidades... Uns até gostavam da minha forma de expor a Palavra, porém havia os de Apolo, os de Pedro...

— Sim, irmão Paulo, hoje em dia, no Brasil, os pregadores mais requisitados são os que sabem animar o povo, soprar o microfone, girar o paletó sobre a cabeça, etc. Tenho saudade do tempo em que os pregadores expunham as Escrituras e podiam dizer como o irmão: "O que eu recebi do Senhor também vos ensinei..." — Lamenta outro membro da comitiva.

— Bem, o que você acha? Será que, se eu pregar Jesus e a ressurreição hoje, como fiz em Atenas, esses crentes, atraídos por tantas novidades, agiriam como aqueles filósofos, chamando-me de paroleiro e pregador de deuses estranhos? — Risos.

De volta ao Brasil

Já em solo brasileiro, Paulo e sua comitiva se hospedam em um hotel cinco estrelas. Mesmo depois de ter sido orientado por um dos pastores acerca da programação maléfica da televisão, ele, curioso, liga o aparelho. Não conseguindo entender praticamente nada do que vê e ouve, sintoniza, enfim, em um canal em que determinado missionário está falando.

— Você precisa tomar do Diabo tudo o que lhe roubou. Deus quer que você seja, acima de tudo, rico materialmente. Determine agora a sua vitória. Quebre a maldição que está sobre a sua vida agora, pela fé. Há poder em suas declarações de fé. Jesus, ao ser vencido na cruz por Satanás, não aceitou a derrota. No inferno, Ele usou o poder da confissão positiva e triunfou...

Paulo olha para os pastores que o acompanham e pergunta:

— Vocês não estão surpresos? Será que tudo o que escrevi sobre a vitória do Senhor na cruz foi inútil? — Lamenta. — Que é isso? Esse missionário não prega sobre Cristo e a sua obra expiatória, a sua ressurreição e a sua vinda; nem sobre santificação, renúncia, dons espirituais... Bem, irmãos, se me permitem, vou descansar um pouco.

Aproveitando que os pastores foram cada um para o seu quarto, o imitador de Cristo dobra os joelhos e põe-se a orar.

A busca continua

No dia seguinte, visivelmente preocupado, Paulo visita um dos muitos seminários teológicos da cidade em que ele e os pastores estão hospedados. Depois de caminhar pelos corredores, pára próximo à porta e ouve um professor dizendo, com muita desenvoltura e firmeza:

— Caros alunos, hoje vamos aprender que a Bíblia não é plenamente inspirada pelo Espírito Santo. Durante muitos anos ouvimos isso, mas hoje, mediante estudos mais precisos, sabemos que nem todas as partes desse livro que temos em nossas mãos são inspiradas. A Bíblia não é a Palavra de Deus; ela apenas a contém.

De repente, Paulo abre a porta e, sem pedir licença, chama o professor para uma conversa.

— Você é um professor de teologia e ainda não leu o Novo Testamento? Não aprendeu que as Escrituras foram inspiradas por Deus e que tudo foi escrito para edificação e instrução dos servos do Senhor?

Sem saber com quem estava falando, o tranqüilo professor respondeu:

— Sim, mas... de acordo com a Alta Crítica, há muitas contradições no texto sagrado, inclusive nas epístolas paulinas, que não se coadunam com o pensamento de grandes teólogos e filósofos... Paulo, inclusive, deixou transparecer machismo e intolerância, em seus escritos...

Inconformado, o doutor dos gentios, não se identifica, porém repreende o professor, deixando-o sem argumentação.

— Em que seminário você estudou? — Perguntou o professor, admirado.

— Comecei no Instituto Gamaliel, depois fiz um curso intensivo na Escola de Damasco, passei um bom tempo na Universidade do Deserto... Estive até na Universidade Terceiro Céu, onde ouvi palavras inefáveis... — Responde Paulo, com muito bom humor.

— Qual é o seu nome, mestre? — Pergunta o professor.

— Mestre? Que é isso? Mas, depois de tantas dicas, você ainda não descobriu quem sou eu? — Risos.

Antes de partir, Paulo decide ouvir outro professor:

— Caros alunos, tudo deve passar pelo crivo da razão. Não devemos aceitar como verdadeiras as coisas que não conseguimos assimilar racionalmente. Vocês acham possível uma pessoa ficar morta durante três dias e depois voltar à vida? Alguns teólogos deixam claro que Jesus não ressuscitou. Vocês sabiam disso? Ele foi retirado da cruz em coma. Depois, ao voltar daquele estado, removeu a pedra e apareceu aos seus discípulos...

Ao ouvir mais essa incongruente explicação, desprovida de qualquer embasamento nas Escrituras, o doutor dos gentios — já planejando pedir à diretoria da instituição para marcar uma reunião com todos os professores, a fim de lhes mostrar o quanto estão equivocados — pensa:

— Meu Deus! O que está acontecendo? Esses professores acham que sabem tudo, porém ainda não aprenderam que a filosofia e a própria teologia não são superiores à revelação divina! Com certeza, não leram 1 Coríntios, carta pela qual afirmo que o homem natural não compreende as coisas do Espírito de Deus...

A décima quarta epístola

Próximo destino: *Igreja dos Santos Fariseus*. Ao entrar no templo, Paulo senta-se na última fileira de cadeiras — muito confortáveis, por sinal —, a fim de prestar atenção ao que o pregador está falando:

— Irmãos, temos de ser santos em tudo. A gravata deve ter sete centímetros de largura, o paletó não pode ter abertura na parte de trás nem dos lados; é proibido usar camisas vermelhas, pois o Diabo gosta de crentes que vestem cores berrantes. Um demônio me disse também que gosta de se alojar debaixo dos bigodes. Tomem cuidado! Vamos agora ao traje feminino. As irmãs que usarem salto muito alto serão punidas...

— O que é isso? Acho que de nada adiantou eu ter escrito aos colossenses sobre os mandamentos de homens que perecem pelo uso. Esse pregador está preocupado com ordenanças do tipo "não proves", "não toques", "não manuseies"! Será que todo o meu trabalho foi em vão? — Pensa Paulo.

Decepcionado com mais esse falso evangelho, ele, que condenara de modo enfático os mandamentos de homens (cf. Cl 2.8), resolve procurar, em outras cidades, uma igreja que pregue o genuíno evangelho de Cristo... Depois de várias viagens, Paulo decide escrever uma epístola aos líderes da atualidade e pede a um pastor que publique com urgência o que denominou de *Epístola aos Pastores do Século XXI*.

Você gostaria de conhecer a décima quarta epístola de Paulo? Não, não é Hebreus... Bem, se quiser conhecer o teor dessa nova epístola paulina, continue lendo esta obra.

Mas, você está curioso para conhecer os evangelhos que Paulo jamais pregaria? Não perca tempo. Vire a página agora mesmo.

Capítulo

1

E estes que Crerem Seguirão aos Sinais

O evangelho empirista

Mas, ainda que nós ou mesmo um anjo vindo do céu vos pregue evangelho que vá além do que já vos temos pregado, seja anátema.

Gálatas 1.8, ARA

Muitas doutrinas e práticas, em nossos dias, têm surgido depois de "divinas" visões e revelações, supostos arrebatamentos ao céu ou ao inferno — individuais ou em grupo —, "quedas de poder", contatos com anjos ou espíritos, além de outras experiências no mínimo estranhas.

Há crentes hoje sendo "levados em roda por todo vento de doutrina" porque não aprenderam a guardar a Palavra de Deus acima de tudo (Ef 4.14). Em Marcos 16.17, está escrito: "E estes sinais seguirão aos que crerem". Porém, muitos têm agido como se Jesus tivesse dito: "E estes que crerem seguirão aos sinais".

Paulo ensinou, em suas epístolas, que não devemos ir além do que está escrito (1 Co 4.6). As Santas Escrituras estão acima das experiências sobrenaturais (Gl 1.8). Guardar a Palavra de Deus, haja o que houver, é a forma pela qual demonstramos amor a Deus (Jo 14.23; Dt 13.1-4). Mas a maioria dos crentes não tem se contentado com a simplicidade da mensagem da Palavra de Deus (2 Co 11.3).

Inconformados, bebem em fontes escuras e turvas, em busca de milagres. Em decorrência disso, várias heresias têm surgido, em nossos dias. Estude um pouco sobre as seitas consideradas cristãs e as heresias existentes em nosso meio, e você descobrirá que a origem de muitas delas se deve a experiências exóticas e revelações fantasiosas.

Muitos têm feito como os falsos discípulos de Jesus: "E grande multidão o seguia, porque via os sinais que operava sobre os enfermos" (Jo 6.2). Bastou o Mestre expor a verdade, para aquela multidão de interesseiros deixá-lo: "Duro é esse discurso; quem o pode ouvir?" — disseram — "Desde então, muitos dos seus discípulos tornaram para trás e já não andavam com ele" (vv. 60,66).

É claro que não é fácil considerar apenas e tão-somente a verdade das Escrituras como a fonte máxima de autoridade. O ser humano, por natureza, encanta-se com novidades. Contudo, Jesus, após mencionar as características dos falsos profetas — que são lobos vestidos de ovelhas, capazes de fazer muitas maravilhas —, deixou claro que a nossa "casa" deve estar firmada na Palavra de Deus (Mt 7.15-27).

O que é o evangelho empirista?

Empirismo — do francês *empirisme* — é a doutrina ou o sistema filosófico segundo o qual todo conhecimento provém unicamente da experiência, limitando-se ao que pode ser captado do mundo externo, pelos sentidos, ou do mundo subjetivo, pela introspecção.

O evangelho empirista prioriza sinais, revelações e experiências fantasiosas, e não a Palavra de Deus. Seus seguidores ignoram o fato de que o Diabo e seus agentes também realizam prodígios para enganar (2 Co 11.13-15). Alguns defensores desse evangelho prodigioso têm mandado o povo guardar a Bíblia e "mergulhar de cabeça" nas revelações "divinas". E os perigos para os crentes que se orientam por experiências são muitos.

Claudionor de Andrade afirmou:

> *A ocorrência de milagres não denota, necessariamente, avivamento; a característica principal deste é o amor a Cristo que nunca deixa de ser primeiro. Amamos a Jesus não pelos sinais e maravilhas que opera; amamo-lo pelo sacrifício do Calvário que ousou por todos nós.*
>
> *Se não tomarmos cuidado, pode o milagre encaminhar-nos até mesmo à incredulidade. Mostre-se embora paradoxal, essa assertiva é*

teológica, histórica e biblicamente mais do que justificável. É só adentrar os diversos pavilhões do Livro Santo para lhe comprovar a validade.[1]

Os propagadores do empirismo "evangélico" desprezam os pregadores que expõem as doutrinas bíblicas, considerando-os homens sem fé para usufruir o sobrenatural de Deus, bem como sem ousadia para levar os ouvintes a experiências novas. Como o Senhor fala diretamente com esses "profetas", dando-lhes novas revelações, torna-se desnecessário que estudem as Escrituras!

Paulo e as experiências

Paulo teve um ministério marcado por milagres e experiências sobrenaturais. Numa delas, Deus o arrebatou ao Paraíso, no terceiro céu: "Conheço um homem em Cristo que, há catorze anos (se no corpo, não sei; se fora do corpo, não sei; Deus o sabe), foi arrebatado até ao terceiro céu. E sei que o tal homem... foi arrebatado ao paraíso e ouviu palavras inefáveis, de que ao homem não é lícito falar" (2 Co 12.2-4).

Muitos, não atentando para o fato de Paulo ter usado de modéstia, pensam que estava falando de outra pessoa. Contudo, antes de mencionar o tal homem, ele informou que não convinha gloriar-se, porém relataria as visões e revelações do Senhor (v. 1). E, depois do relato, afirmou: "Porque, se quiser gloriar-me, não serei néscio, porque direi a verdade... E, para que não me exaltasse pelas excelências das revelações, foi-me dado um espinho na carne..." (vv. 6,7).

Há algumas especulações sobre o espinho na carne que o apóstolo recebera para que não se exaltasse. Dizem que era uma enfermidade, uma tentação, etc. Mas a Palavra do Senhor não apresenta muitos detalhes, a não ser que o tal espinho era "... um mensageiro de Satanás para me esbofetear, a fim de me não exaltar" (v. 7).

Ao contrário de alguns pregadores que também dizem ter visitado o céu, Paulo não se gloriou por causa dessa experiência sobrenatural, pela qual teve revelações da parte do Senhor. Apesar de ter ouvido palavras inefáveis, resolveu não partilhá-las com os homens. A bem da verdade, sequer recebeu permissão de Deus para fazer isso.

Mesmo tendo várias experiências sobrenaturais — desde o encontro com o Senhor Jesus, a caminho de Damasco —, todas decorrentes de sua íntima comunhão com Deus, Paulo jamais abriu mão das Santas Escrituras. Ao discorrer sobre a morte, o sepultamento e a ressurreição de Cristo, fez questão de enfatizar que tudo ocorreu "... segundo as Escrituras" (1 Co 15.1-4).

E mais: o apóstolo Paulo, em 2 Coríntios 11.21-33, deixou claro que a autoridade que possuía não se baseava em sua habilidade para fazer milagres, e sim no sofrimento que suportava!

Só este maná?

Quando Paulo esteve em Atenas, alguns filósofos epicureus e estóicos o convidaram a discursar no Areópago. Eles — que se ocupavam apenas de dizer e ouvir as últimas novidades (At 17.21, ARA) — estranharam a mensagem do apóstolo, pois lhes pregara Jesus e a ressurreição (v. 18). Os seguidores do empirismo têm um comportamento semelhante ao desses filósofos atenienses: não se contentam com a mensagem simples do evangelho de Cristo. Precisam de novidades e experiências exóticas.

Servimos ao Deus Todo-poderoso, que pode, sem dúvidas, realizar obras extraordinárias em nosso meio, além de revelar-nos muitas coisas pelo Espírito Santo. Contudo, a nossa fé não deve se apoiar em experiências e revelações, e sim na Palavra do Senhor. Ninguém tem autorização para, com base em suas experiências, omitir ou acrescentar algo às Escrituras (Ap 22.18,19; Dt 4.2).

Quando Israel estava no deserto, Deus mandou do céu o maná, o qual, com o passar do tempo, deixou de ser novidade para o povo, que passou a exclamar: "... agora a nossa alma se seca; coisa nenhuma há senão este maná diante dos nossos olhos" (Nm 11.6). Hoje, a exposição da Palavra de Deus, o pão do céu (Mt 4.4), tem desagradado a muitos, que murmuram: "Só exposição bíblica? Nada de novo? Nenhum milagre, nem revelação? Esse pregador nunca foi ao céu e ao inferno?"

No livro *Erros que os Pregadores Devem Evitar*, o autor apresenta uma série de heresias que foram "divinamente reveladas" a esses pretensos profetas, como o ensinamento de que Jesus teria assumido a natureza do Diabo na cruz, bem como resgatado a humanidade no inferno, onde tomou as chaves das mãos de Satanás, triunfando por meio de uma confissão positiva.[2]

Os empiristas buscam novidades, acreditam que todas as suas experiências exóticas provêm do Senhor e criam doutrinas baseadas nelas. Mas aprendamos com Paulo, que, apesar das experiências legítimas que teve com o Senhor, fazia questão de não pregar nada além do que os profetas e Moisés disseram (At 26.22). Por isso, ensinou: "... que em nós aprendais a não ir além do que está escrito..." (1 Co 4.6).

Adoração profética?

Causa espanto o fato de muitos cultos tidos como evangélicos, em nossos dias, se assemelharem a cultos pagãos africanos, em que pessoas em transe recebem espíritos que as fazem imitar animais, gritar e estremecer o corpo. Em terreiros de cultos afro-brasileiros são comuns as manifestações de pessoas possessas agindo como animais.

Nesses últimos tempos, multiplicam-se as "novas visões e revelações". Pregadores e líderes de movimentos, baseando-se em experiências transcendentais, pregam doutrinas extrabíblicas e antibíblicas, além criarem e divulgarem formas de culto estranhas, contrárias ao culto racional, com ordem e decência (1 Co 14.26,40). Os profetizadores — e não profetas (Ez 13.2) — dessas novidades sempre apresentam textos bíblicos fora de contexto, confundindo os incautos.

Uma das revelações em voga é a chamada adoração profética, cujos executores, entre outras práticas, tocam *shofar*, acreditando que algo sobrenatural, da parte do Espírito Santo, está relacionado com esse instrumento. No momento da "adoração", pessoas caem ao chão, rugem, batem os braços, como se quisessem levantar vôo, etc.

(É bom salientar que, em 1 Crônicas 25.1, há uma menção aos filhos de Asafe, Hemã e Jedutum, que profetizavam com os seus instrumentos. Tal expressão implica tocar e cantar para o louvor de Deus, sob a influência direta do Espírito Santo. Nada tem que ver com a "adoração profética" em apreço.)

Alguns propagadores dessa "nova visão" contam uma experiência pela qual acreditam que o Espírito Santo lhes revelou uma chave desenhada nas ruas de uma cidade brasileira. Dizem que, a partir de então, Deus vem "descortinando" um mistério que envolve novas práticas de adoração para o Brasil, mapeamento espiritual, sinais e símbolos proféticos.

Esse movimento não se considera uma denominação ou igreja local; seus líderes afirmam que se reúnem apenas para adorar a Deus e ajudar o povo a adorá-lo. Afirmam que o Brasil está a poucos passos do cumprimento de tremendas profecias e promessas de Deus. E que se aproxima a hora em que todos andarão de acordo com essa "nova revelação".

A chave que viram — segundo eles — simboliza uma das "chaves do Reino dos céus" (cf. Mt 16.19), que chamam de "a chave da Casa de Davi". Citam, fora do contexto, Isaías 22.22 e Apocalipse 3.7, para afirmar que, segundo essa "revelação", Davi foi a pessoa escolhida por Deus para introduzir um local de adoração 24/7, isto é, 24 horas por dia, nos sete dias da semana.

Esses profetizadores acreditam que a adoração profética não é novidade ou modismo. Já constava da Bíblia e só agora está sendo "descortinada" para os seus servos. Afirmam que a frase "Venha o teu Reino" (Mt 6.10) indica que Deus quer estabelecer hoje, e não no futuro, o seu reino no mundo.

A unção dos quatro seres

Os "profetas adoradores" dizem que, nessa nova modalidade de adoração, traz-se à terra o que está no céu. Implica, pois, adorar a Deus aqui como Ele é adorado lá. E, quando defendem isso, usam como referenciais os quatro seres viventes mencionados no último livro do Novo Testamento.

Uma de suas orações é assim: "Senhor, flua o Rio do Leão. Derrama a unção dos quatro seres sobre a igreja, para que a adoração da terra concorde com a adoração do céu". Dizendo-se impulsionados por essa "unção", rugem como leões, batem os braços como águias e imitam bezerros; os que são influenciados pelo ser que tem rosto "como de homem" limitam-se a gemer e a chorar.

(Isso não é novidade. Há alguns anos, todos ouvimos falar da "bênção de Toronto", que envolveu crentes da América do Norte, da Europa e também do Brasil. Várias pessoas reuniam-se em um local próximo ao aeroporto de Toronto, no Canadá, e muitas delas latiam como cães e "caíam no Espírito", sendo tomadas por risos prolongados e incontroláveis.)

Em Apocalipse 4.8, está escrito: "E os quatro animais tinham, cada um, respectivamente, seis asas... e não descansavam nem de dia nem de noite, dizendo: Santo, santo, santo é o Senhor Deus, o Todo-poderoso, que era, e que é, e que há de vir". Os "profetas adoradores" não se contentam com as palavras de glorificação a Deus e querem imitar os aludidos seres. Mas não conseguem êxito total por uma simples razão: faltam-lhes asas para voar...

Há também uma pulseira alusiva aos quatro seres, por meio da qual os tais "adoradores" são lembrados de orar e profetizar. Afirmam que não se trata de um amuleto, nem de um "terço evangélico". As doze bolinhas azuis da pulseira representam as "águas" do Rio do Leão. A bolinha dourada representa o leão; a marrom, o bezerro; a verde, o que tem face de homem; e a florescente, a águia.

O nosso Deus deseja receber a adoração verdadeira, a do coração (Mt 4.10; Sl 57.7). De acordo com as Escrituras, os verdadeiros adoradores devem adorar ao Senhor em espírito e em verdade (Jo 4.23,24). Isso, para muitos, é simples demais. Para demonstrarem que são "ungidos", precisam de estranhos gemidos, mugidos, vôos fingidos e rugidos. Não estariam todos perdidos?

Sonhos de Deus...

Em vez de pregarem a Palavra do Senhor, os "profetas adoradores" preferem discorrer sobre os sonhos que Deus "planta" nos corações. Por isso, em nossos dias, muitas canções tidas como hinos dão tanta ênfase a sonhos, sonhos e mais sonhos...

Um desses profetizadores afirmou:

> *O Semeador dos semeadores... buscava o lugar ideal para compartilhar, plantar e ver frutificar suas sementes... Na sua busca, viu uma terra... Outrora rasgada e endurecida, agora regada e restaurada! Outrora doente e estéril, agora curada e fértil! Ali, o Precioso Semeador derramou suas sementes, graciosamente, e elas frutificam sempre, a cem por um, sempre...*

Jesus é o Precioso Semeador. As sementes são os sonhos de Deus. A terra ideal é o teu coração, e o meu coração. E o nosso coração produz o som dos adoradores do Cordeiro de Deus, do Leão de Judá... Um som que ecoa nos céus, na Terra e na eternidade: Adoração Profética.

Aparentemente, nada há de errado na declaração acima, que até soa como muito espiritual. Mas ela distorce a verdade das Escrituras. A semente, na parábola do semeador narrada por Jesus, não são os "sonhos" ou anseios quanto ao futuro, e sim a Palavra de Deus — e é ela que deve ser plantada em nossos corações (Lc 8.11; Sl 119.11). Engana-se quem pensa que os seus desejos são "sonhos" vindos de Deus.

Há crentes que, em vez de seguirem a Cristo segundo a Bíblia (Lc 9.23), deixam-se guiar pelos seus anseios e desejos... Cuidado! Em Provérbios 16.1.2, está escrito: "Do homem são as preparações do coração, mas do Senhor a resposta da boca. Todos os caminhos do homem são limpos aos seus olhos, mas o Senhor pesa os espíritos".

A Palavra do Senhor nos alerta quanto ao nosso coração, que é enganoso (Jr 17.9). Embora o Senhor nos revele muitas coisas mediante sonhos — sonhos, e não "sonhos" —, como aconteceu com o jovem José (Gn 37.5,9), devemos ser guiados pela Palavra de Deus (Sl 119.105).

Deus não planta "sonhos" no coração de ninguém — isso não passa de um modismo! Ele, na verdade, se revela ao ser humano pela sua Palavra, que apresenta qual é a sua boa, perfeita e agradável vontade (Rm 12.2). O Senhor não muda os desejos e anseios do indivíduo porque respeita o livre-arbítrio (Dt 30.19). Os sonhos que Ele promete, na Palavra profética, em decorrência do derramamento do Espírito Santo (Jl 2.28,29), são sonhos, mesmo!

Cair no poder de Deus?

Muitos homens de Deus, compromissados com a Palavra do Senhor, já alertaram as igrejas quanto às manifestações estranhas que vêm ocorrendo nesses últimos dias. Porém, nunca é demais protestar contra tudo aquilo que depõe contra a verdade. O chamado "cair no poder" encanta aqueles que têm muito tremor, mas pouco ou nenhum temor do Senhor (cf. Sl 2.11; 1 Co 2.3).

Os pregadores da "nova onda", ao soprar o microfone, girar o paletó sobre a cabeça ou lançá-lo sobre a platéia, para que pessoas "caiam no poder", querem nos fazer crer que, em questão de segundos, acontecerá na vida desses "caídos" o que os pregadores "antigos" dizem que só pode ocorrer por quebrantamento diário e submissão a Deus![3]

Será que Paulo sopraria o microfone ou rodaria o paletó sobre a cabeça para que os ouvintes caíssem? Tenho certeza de que não. Ele era um homem de oração, espiritual, que teve experiências, mas, antes de tudo, era equilibrado e pautava o seu ministério pela Palavra do Senhor. Ele não se deixaria levar por "novas unções".

Os defensores dessa manifestação estranha empregam textos como Daniel 10.7-9; Atos 9.4-8; Apocalipse 1.17; e Gênesis 2.21. Essas passagens nada têm que ver com o "cair no poder" de nossos dias. Como sempre, os empiristas valem-se de passagens bíblicas isoladas para se justificarem perante os incautos; os quais, ávidos por novidades, se deixam iludir, abrindo mão das Santas Escrituras.

Daniel, Paulo e João caíram prostrados na presença do Senhor. Mas não ficaram inconscientes, gelados, tampouco se esqueceram do que viram e ouviram. Eles também não foram lançados ao chão por uma "bola de fogo" ou por um "sopro poderoso". Antes, ficaram sem forças nenhumas em razão de não suportarem a real presença de Deus. Segue-se que o "cair no poder" de modo algum pode ser comparado às experiências mencionadas nas Escrituras.

Citar o sono pesado que o Senhor fez cair sobre Adão, quando da formação de Eva, para afirmar que pessoas precisam cair para serem curadas, é um exagero. Naquele episódio único, houve um propósito específico da parte de Deus. Porém, nas curas registradas no Novo Testamento, não foi necessário os agraciados caírem. O Senhor não precisa fazer ninguém dormir para curá-lo (Mc 16.18).

Olhe, não caia!

Em nenhum dos derramamentos do Espírito registrados no livro de Atos dos Apóstolos — ou melhor, Atos do Espírito Santo — consta o tal "cair no poder" (At 2.1-4; 8.15-17; 10.44-48; 19.1-7). Quando Pedro ficou cheio do Espírito, no dia de Pentecostes, pôs-se em pé (At 2.14). E não há registro de que ele tivesse lançado a sua túnica ou soprado sobre os presentes, para que caíssem de poder.

No *Diário do Pioneiro Gunnar Vingren* está escrito:

> *Durante aquelas semanas de oração, sentimos o poder de Deus vir sobre nós como uma pressão, como um forte peso, de tal maneira que muitas vezes não conseguíamos nos sentar à mesa para comer. Caíamos no chão, dobrávamos os joelhos e em alta voz louvávamos o nome do Senhor.*[3]

Vingren disse: "Caíamos", e não "Éramos lançados ao chão". Além disso, caíam prostrados, sem forças, mas conscientes — "em alta voz louvávamos o nome do Senhor" —, em decorrência do poder do alto que estavam sentindo.

Excetuando-se os casos em que servos do Senhor caíram prostrados — e não deitados — na presença real de Deus, a Palavra do Senhor menciona a queda de alguém sempre como algo negativo. Teologicamente, o pecado de Adão e Eva é conhecido como "a Queda", pois cair, ao longo das páginas sagradas, denota uma condição de pecado e desvio da verdade (Os 14.1; Ap 2.4,5; Sl 37.24).

Os que defendem a "queda no poder" ignoram os fatos de que o culto a Deus é racional (Rm 12.1) e de que o espírito do profeta está sujeito ao profeta (1 Co 14.32). Isso significa que, por mais que sintamos a presença do Senhor, em um culto, devemos ser prudentes quanto às nossas reações. Devemos ser meninos apenas na malícia, e adultos no entendimento (1 Co 14.20).

Ouvi há algum tempo o testemunho de um irmão que, dizendo-se cheio do Espírito, levantava os bancos sobre a cabeça e os arremessava... Muitos, infelizmente, não se importando com o culto racional, dão liberdade à carne e, às vezes, até mesmo ao Inimigo, pensando estar cheios do Espírito. Cuidado! Deus não é Deus de confusão (1 Co 14.33).

O "cair no poder" abre um precedente perigoso, haja vista ser comum pessoas caírem endemoninhadas. Certo irmão foi pregar em uma igreja e, no fim da mensagem, quando estava orando, várias pessoas caíram ao chão. Ele não teve dúvidas: expulsou os demônios em nome de Jesus! E as pessoas começaram a se levantar.

Quem gosta de lançar pessoas ao chão, endemoninhadas, é o

Diabo (Mc 9.17-27; Lc 4.35). Por isso, a mensagem de Deus é sempre para que nos levantemos e permaneçamos em pé (Ez 2.1; 11.1; Mc 10.49; 1 Co 10.12). Se você ainda está em dúvida quanto a essa questão, Paulo tem um conselho para você: "Desperta, ó tu que dormes, e levanta-te dentre os mortos, e Cristo te esclarecerá" (Ef 5.14).

Rafael, Morôni e cia.

Certo pregador depois de expor a Palavra de Deus durante vários minutos sem ouvir um único "aleluia", resolveu fazer um teste. Olhando em direção da porta, disse:

— Irmãos, eu estou vendo um anjo entrando pela porta! Seus cabelos são brancos e encaracolados. Ele tem uma espada na mão direita e um rolo na esquerda! — De repente, o outrora apático auditório estava em êxtase!

Mas o pregador não perdeu "a viagem" e, sacudindo o pequeno sino sobre o púlpito, para que o povo fizesse silêncio por um instante, disse:

— Amados irmãos, gostaria de lhes confessar que não vi anjo nenhum! Eu só disse isso para que todos vocês percebessem o quanto têm desprezado a exposição da poderosa Palavra de Deus...

Que bela lição, hein! Aqueles crentes, como dizem os jovens, podiam ter dormido sem essa...

A Palavra de Deus nos alerta quanto àqueles que incentivam o culto aos anjos (Cl 2.18). Muitos empiristas, embora não admitam, cultuam aos anjos e levam o povo a fazer isso. Há pregadores que ficam horas e horas relatando experiências mirabolantes que supostamente tiveram com anjos (cf. 1 Rs 13.18), deixando a Palavra de Deus de lado.

Não se esqueça de que a terça parte dos anjos se rebelou juntamente com Satanás (Ap 12.4). Tais anjos caídos podem realizar muitas tarefas, inclusive se apresentarem aos servos do Senhor como se fossem anjos enviados da parte dEle. Em Gálatas 1.8, Paulo declara que existe possibilidade de um "anjo do céu" ser o portador de um "outro evangelho". Isso é possível, haja vista Satanás e seus agentes habitarem as regiões celestiais (Ef 2.2; 6.11).

Além de Rafael, mencionado no livro apócrifo de Tobias, e

Morôni — que teria supostamente dado instruções a Joseph Smith Jr. quanto à fundação da Igreja Jesus Cristo dos Santos dos Últimos Dias, o mormonismo —, outros "anjos do céu" vêm enganando aqueles que não se deixam guiar pela Palavra de Deus.

As distorções são tantas, que um determinado movimento "evangélico" promove a "campanha da troca de anjo". E os incautos, por falta de conhecimento, pagam para ter um "anjo mais forte" ao seu lado. É lamentável, mas boa parte do povo evangélico tem verdadeiro fascínio pelo povo "angélico". Já nos dias em que Jesus andou na terra os homens apreciavam manifestações angelicais (Jo 12.28-30).

De acordo com a Palavra de Deus, os anjos são ministros do Senhor (Hb 1.14), e não servos dos homens! Não cabe a nós invocá-los, como alguns animadores de auditório têm feito, dizendo ter crédito no céu. Os anjos são espíritos ministradores que o Senhor envia quando Ele quer, em favor dos seus filhos (Êx 33.2; Dn 6.22; Lc 1.19; At 12.11; 27.23).

Cuidado com os falsos profetas!

Em Mateus 7.15-23, Jesus enumerou várias características dos falsos profetas. Erwin W. Lutzer, ao se referir a essa passagem, afirmou: "Aqui temos uma forte declaração sobre a presença de falsos profetas que aparentemente fazem milagres maravilhosos, porém não entrarão no céu no Dia do Julgamento. Podemos estar errados acerca de muitas coisas, mas não erremos acerca dos falsos mestres e suas doutrinas!"[4]

Devemos, pois, estar atentos às características dos falsificadores da Palavra de Deus, a fim de que não sejamos enganados nesses últimos dias.

Os falsos profetas se parecem com ovelhas, mas seus frutos são maus (vv. 15-20).

Se o Diabo aparecesse como a mitologia o pinta, com chifres, todos o expulsariam; sem dúvidas. Mas ele, diferentemente do Senhor, nunca diz quem é. E os seus ministros também se apresentam como ovelhas, embora sejam lobos devoradores que não perdoam o rebanho (At 20.28-30). Cuidado! Pelos frutos os conhecereis!

Erwin W. Lutzer, com ousadia, afirmou:

Que fique bem claro que se queremos encontrar o Diabo, temos de começar a procurar atrás dos púlpitos; é na igreja e não no mundo que Satanás faz sua obra mais enganosa. A verdade misturada com o erro é, às vezes, mais mortal que o próprio erro em si.[5]

Não se deixe levar pela aparência. Há árvores frondosas, mas sem nenhum fruto. Lembre-se das palavras de Paulo quanto aos falsos irmãos: "E, quanto àqueles que pareciam ser alguma coisa (quais tenham sido noutro tempo, não se me dá; Deus não aceita a aparência do homem), esses, digo, que pareciam ser alguma coisa, nada me comunicaram" (Gl 2.6).

Os falsos profetas são soberbos, pois não fazem a vontade do Pai (v. 21).

Há pregadores que contam experiências exóticas, em que animais ou aves lhes teriam transmitido mensagens proféticas. Contudo, percebe-se que tiram muito proveito desses "fatos" para mostrarem o quanto são — ou pensam que são — importantes. Como vimos, o apóstolo Paulo não se valeu do arrebatamento ao Paraíso para se considerar melhor do que os outros. Pelo contrário, gloriou-se em suas fraquezas (2 Co 12.5-10).

Em um programa de televisão, certo pregador, andando no meio do povo, com a camisa molhada de suor, deixava as pessoas molharem o lenço nele, para depois passarem sobre uma parte do corpo, além de o tocarem com carteiras de trabalho...

A soberba — um pecado tolerado e incentivado no meio do povo de Deus — é uma das principais razões por que Jesus rejeitará, naquele dia, os "servos" que não fazem a vontade do Pai. Fazem a sua própria vontade, a do povo e a do Diabo. Acautelemo-nos, pois um milagre não tem necessariamente origem divina só porque foi feito por alguém que chama Jesus de "Senhor, Senhor".

Os falsos profetas se dizem servos de Jesus (vv. 21,22).

Um dia desses, ouvi um depoimento sobre um pregador que sentou-se no último banco de uma congregação para aparentar humildade. Porém, ao dobrar o joelho para orar, tirou do bolso e estendeu sobre o banco uma não pequena toalha, que usava para secar o suor do rosto, na qual se podia ler, de longe: "Fulano de Tal, pastor, pregador, conferencista internacional, servo do Senhor..."

Em um *site* de relacionamentos, na Internet, alguns pregadores não têm o menor constrangimento em publicar em seus perfis que são conferencistas internacionais, etc., etc. e etc. Essa postura, infelizmente, serve de exemplo para pregadores mais jovens, que vivem em busca de referenciais.

Ora, dizer "Senhor, Senhor" é uma coisa; e ser um servo de Jesus é outra bem diferente! Paulo, inspirado pelo Espírito, alertou-nos quanto àqueles que, dizendo-se irmãos, são devassos, avarentos, idólatras, maldizentes, beberrões e roubadores (1 Co 5.11). Em Tiatira, havia uma mulher chamada Jezabel, que se dizia profetisa. Jesus, por sua misericórdia, lhe deu tempo para que se arrependesse, porém ela preferiu o "prêmio" da sua falsidade (Ap 2.20,21).

Os falsos profetas são muitos (v. 22).

Estamos no tempo de que Paulo falou, em que os falsos doutores se "amontoariam" (2 Tm 4.1-3). São muitos os falsificadores da Palavra (2 Co 2.17). Estejamos atentos. Às vezes, somos tentados a ver com simpatia ministérios e movimentos devido à multidão que reúnem. Não nos esqueçamos das seis vezes em que o vocábulo "muitos" aparece em Mateus 24.1-12; sempre no sentido negativo. No versículo 12, o termo grego *polus* foi traduzido na ARA para "quase todos".

Os falsos profetas, além de profetizar, expulsam demônios e fazem muitas maravilhas, porém Deus não os conhece, porque praticam a iniqüidade (vv. 22,23).

Um famoso telepastor afirmou, recentemente:

— Andam dizendo por aí que eu sou herege. Quantos aqui já ouviram dizer que prego heresias? — Perguntou ao auditório.

Observando algumas mãos levantadas, continuou:

— Falar que eu prego heresias é fácil. Quero ver eles fazerem os milagres que eu faço! — Concluiu, levando o povo ao "delírio".

Não devemos desprezar as manifestações do Espírito (1 Ts 5.19,20), mas é preciso julgar e examinar tudo que vemos e ouvimos (1 Co 14.29; 1 Ts 5.21). Julgar, aqui, não é, em primeira análise, condenar, e sim exercer discernimento: "Amados, não creiais em todo espírito, mas provai se os espíritos são de Deus, porque já muitos falsos profetas se têm levantado no mundo" (1 Jo 4.1).

Não podemos nos deixar guiar por sinais ou curas milagrosas, pois isso também ocorre entre os seguidores da Ciência Cristã — que nada tem de ciência, tampouco de cristã —, os muçulmanos, os hindus, etc. Muitos fenômenos, como o dos "dentes de ouro" ou do "ouro nos dentes", já ocorreram entre espíritas de várias ramificações e católicos romanos.[6]

"Por que Deus tolera a ocorrência de falsos sinais no meio do seu povo? Não podia Ele impedir a ação dos enganadores?" — Alguém poderá perguntar. A resposta a essa pergunta está em Deuteronômio 13.1-4:

Primeiro: Deus, de fato, permite o ingresso e a ação dos falsos profetas milagreiros em nosso meio: "Quando profeta ou sonhador de sonhos se levantar no meio de ti e ter um sinal ou prodígio, e suceder o tal sinal ou prodígio, de que te houver falado, dizendo: Vamos após outros deuses, que não conheceste, e sirvamo-los" (vv. 1,2).

Segundo: a Palavra de Deus nos adverte que, mesmo que os sinais prometidos pelos milagreiros se cumpram, não devemos lhes dar crédito: "não ouvirás as palavras daquele profeta ou sonhador de sonhos..." (v. 3).

Terceiro: a Palavra nos revela que o Senhor permite que haja falsos sinais em nosso meio, a fim de provar o nosso amor para com Ele: "... porquanto o Senhor, vosso Deus, vos prova, para saber se amais o Senhor, vosso Deus, com todo o vosso coração e com toda a vossa alma" (v. 3).

Quarto: a Palavra do Senhor mostra o que devemos fazer para demonstrar que amamos a Deus: "Após o Senhor, vosso Deus, andareis, e a ele temereis, e os seus mandamentos guardareis, e a sua voz ouvireis, e a ele servireis, e a ele vos achegareis" (v. 4).

Engana-se quem pensa que os milagres são a evidência de que o Senhor está aprovando o ministério de alguém. Embora Deus realize muitas maravilhas, a ocorrência delas não indica necessariamente que Ele conheça, isto é, tenha comunhão com algum pregador, profeta ou operador de milagres.

Jim Cymbala declarou que — se um pregador não der ênfase à obra que Jesus realizou por nós pendurado no madeiro, deixando transparecer que, para ele, a cruz de Cristo não é o centro do seu ministério — não seguiria a tal indivíduo, mesmo que ele ressuscitasse os mortos![7] Concordo com esse posicionamento, pois quem ama o

Senhor não se deixa levar por sinais, mas permanece firmado na Palavra de Deus, haja o que houver: "Se alguém me ama, guardará a minha palavra..." (Jo 14.23).

Muitos pregadores se valem da pregação de milagres para buscar fama e glória, como Simão, o mago (At 8.9-13). Jesus, no entanto, afirmou que entre os nascidos de mulher não apareceu ninguém maior do que João Batista (Mt 11.11); e não encontramos nenhum registro de sinais, prodígios, curas, ressurreições que tenham ocorrido em seu ministério!

Por que Jesus deu testemunho de João Batista, se ele não realizou sequer um sinal? A resposta está em João 10.41: "E muitos iam ter com ele e diziam: Na verdade, João não fez sinal algum, mas tudo quanto João disse deste era verdade". O que é mais importante, fazer sinais ou dizer a verdade?

Testemunhos extraordinários!

É comum, em nossos dias, ouvir testemunhos para lá de estranhos, como um que virou motivo de zombaria na Internet, pelo qual um famoso pregador afirma que galinhas, em um galinheiro, teriam sido "batizadas com o Espírito Santo". Uma delas, inclusive, teria falado em línguas angelicais, sendo interpretada por um galo!

Como servos do Senhor, não devemos interpretar a Bíblia à luz das nossas experiências, e sim estas à luz da Palavra de Deus. Qualquer experiência, por mais extraordinária e "fenomenal" que seja, se não tiver respaldo bíblico ou gerar confusão doutrinária, deve ser rejeitada. Não é por acaso que a Palavra de Deus nos ordena provar se os espíritos são de Deus (1 Jo 4.1).

Os crentes da igreja de Beréia recebiam de bom grado as pregações, mas as examinavam à luz das Escrituras (At 17.11). Imagine se um pregador, naqueles dias, dissesse que Jesus batiza galinhas com o Espírito Santo! Com certeza, considerariam tal afirmação blasfema, haja vista distorcer o propósito do revestimento de poder, dado exclusivamente às pessoas salvas, obedientes ao Senhor (At 2.39,38; 5.32).

"Deus não usou a boca de uma jumenta?" — Alguém poderá perguntar. Sim, mas, naquelas circunstâncias que envolviam o mercenário Balaão, não havia ninguém, de fato, para ser usado por Deus. Trata-se, pois, de uma exceção à regra. Não vemos depois daquele episódio Deus usando outros animais para transmitir mensagens. Ah, e não nos esqueçamos de que o Diabo também usou a boca de uma serpente, no primeiro caso em que um animal falou (Gn 3.1).

"E o caso do canto do galo que despertou a consciência de Pedro?" Ora, Pedro, ao ouvir o canto do galo, lembrou-se das palavras de Jesus. Entretanto, a ave cantou normalmente, e não em línguas estranhas! E o que despertou o apóstolo, na verdade, não foi o galo, propriamente, e sim as palavras de Jesus que vieram à tona no momento em que Pedro ouviu o tal canto (Mt 26.74,75).

Incredulidade ou cautela?

Os milagreiros gostam de citar referências fora de contexto para respaldar suas "obras fantásticas", como Atos 13.40,41 — uma profecia que diz respeito ao reino de Judá, devastado por Babilônia, em 586 a.C. Isso fica claro, quando lemos Habacuque 1.5. Eles também citam 1 Coríntios 2.9, ignorando que "as coisas" aqui mencionadas não são milagres, e sim as glórias indizíveis do evangelho, desfrutadas em parte na terra.

Muitos falsos profetas usam também 2 Coríntios 3.6 para justificar as suas posições doutrinárias. A letra que mata não é a Palavra de Deus, viva e eficaz (Hb 4.12). Se esses falsários estivessem interessados pela verdade, leriam o contexto. Paulo referiu-se à lei mosaica, escrita em tábuas de pedra (2 Co 3.7). Antes, porém, afirmou: "... vós sois a carta de Cristo, ministrada por nós e escrita não com tinta, mas com o Espírito do Deus vivo, não em tábuas de pedra, mas nas tábuas de carne do coração" (v. 3).

Outra referência usada para respaldar "biblicamente" estranhos sinais é Isaías 43.19: "Eis que farei uma coisa nova..." Esse versículo tem sido usado para justificar praticamente tudo, como o crescimento de cabelo em cabeças calvas, perdas "milagrosas" de peso e aparecimento de dentes de ouro, como se os templos fossem salões de beleza ou clínicas de estética! Nesse caso, qualquer "coisa nova" seria obra do Espírito Santo?

Não nos deixemos levar por sinais, prodígios e maravilhas, pois o Diabo se transfigura em anjo de luz, e os seus ministros, em ministros de justiça (2 Co 11.13-15). Lembra-se do que aconteceu no Egito, quando os magos de Faraó realizaram sinais miraculosos? Moisés e

Arão fizeram prodígios da parte de Deus, mas os encantadores conseguiram imitar (Êx 7.11,12).

É claro que nem tudo Satanás e seus agentes conseguem fazer. Deus põe limite à sua atuação, como ocorreu com os aludidos encantadores do Egito: "E fizeram os magos o mesmo com as suas ciências ocultas para produzirem piolhos, porém não o puderam... Então disseram os magos a Faraó: Isto é o dedo de Deus" (Êx 8.18,19, ARA).

No entanto, o Inimigo pode, sim, fazer sinais e prodígios de mentira, para enganar (2 Ts 2.9; Mt 24.24). Na Grande Tribulação, o Falso Profeta — a segunda Besta —, investido com esse poder satânico, fará o que muitos crentes acreditam ser impossível: "e foi-lhe dado comunicar fôlego à imagem da besta, para que não só a imagem falasse, como ainda fizesse morrer quantos não adorassem a imagem da besta" (Ap 13.15, ARA).

Sigamos, pois, o conselho de Jesus, em Mateus 7.15: "Acautelai-vos..."

Deus não opera mais milagres?

O fato de Jesus ter realizado inúmeros sinais leva muitos crentes a concluírem que os milagres são uma prerrogativa de todos os crentes. E, de fato, os salvos têm autoridade, no nome de Jesus, para curar enfermos, expulsar demônios, etc. (Mc 16.16-18). Mas, e se os sinais não acontecerem? Ora, Jesus não mudou o mundo através de seus milagres. Contudo, mediante o sacrifício vicário que realizou por toda a humanidade — o maior milagre! —, Ele salva e transforma as vidas das pessoas que o aceitam!

Mesmo onde há genuínos avivamentos devemos estar atentos aos falsos sinais. No grande movimento pentecostal de Los Angeles (EUA), em 1906, liderado por Willian J. Seymour, apareciam muitos falsários tentando enganar os servos de Deus. As Escrituras dão a entender que apostasia e avivamento coexistiriam lado a lado, nesses últimos dias (cf. Lc 14.15-24; 1 Tm 4.1).

Nenhuma das igrejas da Ásia foi condenada por não fazer sinais e maravilhas (cf. Ap 2; 3). Paulo, que também não repreendeu as igrejas pela ausência de milagres, afirmou: "... os judeus pedem sinal... mas nós pregamos a Cristo crucificado..." (1 Co 1.22-24).

Jesus é o mesmo (Hb 13.8). Ele cura e faz prodígios hoje, sim!

Porém, os milagres da parte dEle só ocorrem com propósitos definidos, como autenticar, confirmar e comprovar a Palavra de Deus (Mc 16.17,20; Dt 29.3; Hc 2.4), bem como manifestar a glória do Senhor, levando o povo a crer mais e mais em Jesus (Jo 2.11), e dar cumprimento à Palavra profética (Mt 8.17).

Os milagres genuínos também ocorrem para desfazer as obras do Diabo (1 Jo 3.8; Lc 13.16) e para honrar os verdadeiros servos de Deus (Nm 16.28-32). Deus não faz milagres para os homens se tornarem celebridades. Não! Mas é isso que tem acontecido. Os milagreiros fazem dos seus sinais uma forma de se promoverem como conferencistas internacionais! Aprendamos com Jesus, que nunca fez propaganda de seu ministério.

Quais são os propósitos de muitos dos sinais e manifestações estranhas de nossos dias? Têm resultado em maior glória a Deus e vidas mais santas? Têm atraído perdidos a Cristo, como aconteceu no dia de Pentecostes?

Não espere o pior acontecer!

Um dos casos mais famosos de suicídio coletivo associado a um falso profeta foi o do pastor americano Jim Jones, da igreja *Templo do Povo*. Mais de novecentas pessoas morreram ao ingerir uma mistura de suco de laranja com cianureto, em 18 de novembro de 1978, em Jonestown, na Guiana. Os que se recusaram a beber o veneno foram assassinados.

Jones, que vivera oito meses em Belo Horizonte, entre 1962 e 1963, mudou-se com seus fiéis seguidores para a Guiana, em 1977, com a aprovação do governo local, depois das primeiras denúncias contra o movimento, feitas por alguns ex-adeptos que "acordaram" antes que o pior acontecesse.

O argumento que Jones usou para levar pessoas ao suicídio foi: "Não estamos cometendo suicídio. Este é um ato revolucionário. Não podemos recuar porque eles não nos deixarão em paz. Bebam o suco e sejam gentis com as crianças" — disse o cruel falso profeta aos seus 913 seguidores, entre eles 275 crianças e doze bebês.[8]

Hoje, todos os crentes concordam que havia algo errado com Jim Jones. Mas antes daquela tragédia quase ninguém reconheceu que Jones era um falso profeta! Não espere o pior acontecer. Se você estiver em torno de um milagreiro, e não em torno de Jesus Cristo e da Palavra de Deus, tome uma atitude enquanto há tempo!

A Biblioteca do céu

Muitos empiristas se gabam de ter visitado a biblioteca celestial... Dizem que conversaram com Paulo e Maria, entre outros. Desceram de lá cheios de novidades! Sabe aquelas palavras inefáveis, de que aos homens não é lícito falar? Paulo resolveu contar tudo para um desses "mensageiros da última hora". Com Maria, a conversa também foi interessante, pois ela lhe contou tudo o que aconteceu com Jesus no período dos doze aos trinta anos...

Mas os empiristas desprezam a Santa Biblioteca! Preferem valorizar as "divinas" revelações do céu e do inferno — ou seriam apenas e tão-somente do inferno? Aliás, será que alguém que visitou o inferno e diz ter conversado com demônios ou com o próprio Satanás tem alguma coisa edificante para nos dizer?

Não se esqueça de que a Bíblia, além de nossa regra de fé, é também nossa regra de prática! Por isso, os sinais e experiências devem ser submetidos ao teste da Palavra. Deus não age arbitrariamente, e sim conforme os critérios patentes nas Escrituras. Mas muitos fenômenos desses últimos dias têm suscitado controvérsia, confusão, polêmica e dúvidas.

Oh, Deus! Desperta o teu povo para buscar a verdade na Santa Biblioteca do céu, a Bíblia, formada por 66 livros inspirados pelo Espírito Santo! Que o teu povo, conforme está escrito em Deuteronômio 17.19, leia a tua Palavra, para que aprenda a te temer, guardar as tuas palavras e cumpri-las. "Para sempre, ó Senhor, a tua palavra permanece no céu" (Sl 119.89).

Espero você no próximo capítulo.

[1] ANDRADE, Claudionor de, *Fundamentos Bíblicos de um Autêntico Avivamento*, CPAD, p. 119.

[2] ZIBORDI, Ciro Sanches, *Erros que os Pregadores Devem Evitar*, CPAD, pp. 41-49.

[3] VINGREN, Ivar, *Diário do Pioneiro Gunnar Vingren*, CPAD, p. 26.

[4] LUTZER, Erwin, *Quem É Você para Julgar?*, CPAD, p. 42.

[5] *Idem*, p. 71.

[6] GILBERTO, Antonio, *O fenômeno dos dentes de ouro* (artigo), revista *Seara*, CPAD, 1997.

[7] LUTZER, Erwin, *Quem É Você para Julgar?*, CPAD, p. 99.

[8] *Folha de São Paulo*, de 28/3/1997.

Capítulo

2

Você Acredita em Papai Noel?

O evangelho antropocêntrico

Porque dele, e por ele, e para ele são todas as coisas; glória, pois, a ele eternamente. Amém!

Romanos 11.36

Nesses últimos dias, em que muitos cultos transformaram-se em reuniões para agradar, elogiar e "abençoar" o ser humano, além de melhorar a sua auto-estima, as mensagens cristocêntricas tendem a perder o sentido. Tornam-se cada vez mais raros os mensageiros da cruz de Cristo.

Para muitos crentes, Deus é uma espécie de "Papai Noel", que entra nos templos com um grande saco de presentes nas costas e começa a distribuí-los aos que têm fé. Os anjos podem ser comparados aos *elfos* — pequenos auxiliares do "bom velhinho", que o ajudam a distribuir "brinquedos" para os "meninos".

O que é o evangelho antropocêntrico?

O evangelho antropocêntrico — do grego *anthropos*, "homem" — tem a sua origem no antropocentrismo, doutrina filosófica pela qual se afirma que o ser humano é o centro do Universo, a referência máxima e absoluta de valores, o protagonista, o centro das atenções. No meio evangélico, tal filosofia tem sido adaptada e respaldada por passagens bíblicas isoladas.

Segundo esse evangelho triunfalista, Jesus teria sido apenas um grande homem que venceu pela fé, e não o verdadeiro Deus encarnado (cf. Jo 1.14). Os propagadores desse "outro evangelho" defendem uma deificação do homem, ensinamento que enfatiza — ainda que de modo tácito — o rebaixamento de Deus e a desvalorização da obra expiatória de Cristo.

Provações e tribulações? Nem pensar! No evangelho antropocêntrico não há espaço para o sofrimento. O crente, como homem de fé, deve decretar, determinar, "profetizar", exigir a saúde física e as bênçãos materiais! É como se qualquer declaração de fé fosse uma profecia. "Somos a boca de Deus na terra" — dizem os triunfalistas. As palavras humanas são "mágicas" e têm um poder sobrenatural para abençoar e amaldiçoar. Enfim, o homem é produto de suas próprias palavras.

A fé é centrada no homem e suas necessidades, e não em Cristo. Tudo gira em torno da fé para receber, receber e receber... Fica a impressão de que ser um seguidor de Cristo implica apenas usufruir a graça, sem precisar fazer nada em gratidão pela tão grande salvação. O "culto" é apenas um encontro para recebimento de bênçãos, como se Deus fosse o "bom velhinho" do Pólo Norte...

É tremendo!

Muitas igrejas têm adotado a "visão celular", também chamada de Movimento G12, embora nem todas sigam a numerologia ou a mística associada ao número doze (doze apóstolos, doze tribos, etc.), preferindo adotar grupos celulares de dez, quatorze ou até quinze membros. Tal estratégia vem sendo apresentada, sem nenhuma modéstia, como o mais eficaz meio de conquistar almas perdidas.

Os defensores do G12 — principais propagadores do evangelho antropocêntrico — afirmam que imitam a igreja primitiva. Para eles, essa estratégia é uma revolução, uma quebra de paradigmas e, ao mesmo tempo, um retorno aos princípios da igreja de Atos dos Apóstolos. Não se trata, pois, de mais um programa; é, modéstia à parte, o programa da igreja.

Alguns líderes, principalmente os de jovens, afirmam que não seguem a padrões éticos, dogmáticos, eclesiásticos de pessoas maduras na fé, experientes ou tradicionalmente respeitáveis. Preferem valorizar as "ministrações específicas" em pré-encontros, encontros, pós-encontros, encontros de líderes, etc. Ninguém está autorizado a descrever o que acontece nessas reuniões secretas. Mas todos concordam: "É tremendo".

As igrejas em células têm os seus próprios cursos e conteúdos pedagógicos. Não investem na Escola Dominical; consideram-na ultrapassada, uma instituição falida. Dizem, sem nenhuma cerimônia, que as igrejas tradicionais ou conservadoras seguem a padrões arcaicos e "comem pão amanhecido, seco e duro". Desprezam e reprovam a liturgia tradicional das igrejas que não seguem ao modelo celular.

Na prática, embora não admitam, os propagadores dessa "visão" têm oferecido aos crentes vários atrativos do mundo, mas dentro de um contexto "evangélico". Sua estratégia principal é a "contextualização". Tudo é feito para agradar as pessoas, uma vez que o objetivo é o crescimento numérico, e não a formação de crentes segundo a Palavra de Deus. Prevalecem doutrinas triunfalistas, como a confissão positiva, a maldição hereditária e a teologia da prosperidade.

Tudo gira em torno das células, reuniões realizadas somente em casas de pessoas evangélicas. Há cultos no templo, mas nenhuma reunião é mais importante que as células, definidas como "a essência da vida da igreja". Nessas reuniões, ocorre a chamada "oração profética", recheada com palavras de ordem ao Diabo: "ordenamos", "quebramos", "maniatamos", etc. Há também espaço para manifestações estranhas, como o "cair no poder" — até as crianças caem.

Para quem é o culto?

Um crente que não fora ao culto de domingo, em uma certa igreja, perguntou a um amigo, na segunda-feira:

— Como foi o culto ontem? Foi bom?

— Não sei. Pergunte a Jesus. — Respondeu o amigo.

— Como assim? — Retrucou o primeiro, estranhando a inesperada e aparentemente ríspida resposta.

— Não me leve a mal. Você vai ao templo cultuar a Deus ou receber bênçãos? — Perguntou o irmão que estivera no culto de domingo. — É claro que o Senhor nos abençoa, quando estamos na presença dEle. Porém, o culto é uma reunião para os crentes receberem bênçãos, ou, antes de tudo, um momento para adorarmos a Deus na beleza de sua santidade?

A liturgia das igrejas em células é baseada no princípio "Pregue o evangelho da maneira como as pessoas querem ouvi-lo, e não da forma como precisam ouvi-lo". A ordem é não se prender a regras ou princípios. Empregam-se, nos chamados cultos: danças, coreografias e apresentações teatrais, principalmente como atrativos para a juventude.

Tudo começa com um "louvor de guerra", que dura cerca de vinte minutos. A oferta é um dos principais momentos e, por isso, merece dez minutos. Depois disso, há geralmente uma "oração de guerra" — dez minutos — e uma apresentação teatral de uns quinze minutos. Em seguida, uns 25 minutos de mais apresentação musical...

Quanto tempo para a pregação? Em média, quinze minutos! Segundo os defensores dessa "visão", o que um sermão levaria 45 minutos ou uma hora para fazer, consegue-se com uma pequena apresentação musical "ungida". Por que, então, Jesus e Paulo pregaram tanto, se isso não é tão importante? Ora, nada deve substituir a explanação da Palavra de Deus (Rm 10.17; Sl 119.130).

Como a exposição tradicional das Escrituras é considerada longa, cansativa e formalista, os pregadores do G12 têm linguagem própria e atualizada para cada público em particular. Empregam gírias, expressões em inglês e regionalismos; tudo para agradar o auditório. Adaptam as passagens bíblicas às necessidades comuns do homem de hoje, bem como à realidade existencial da juventude. E as pregações, além de sucintas, costumam ser acompanhadas de peças ou dramatizações.

Nessa nova modalidade de culto, os participantes batem os pés e gesticulam à vontade, sem restrições, além de marcharem. A ênfase recai sobre as músicas, as danças, as coreografias, etc. Não há lugar para hinários tradicionais, como Harpa Cristã, Cantor Cristão, etc. Dizem que cantar hinos ultrapassados é idolatria. Tais hinos, segundo eles, parecem ter sido compostos para um funeral.

Há, ainda, nesses "cultos": aplausos, brados, pulos de alegria, faixas, cartazes, balões, bandeirinhas, lenços... As palavras de ordem são: exagerar e extrapolar. "Sentiu vontade de fazer?" — dizem. — "Faça! Se parecer exagero, execute! O Senhor não está interessado se o adoramos de ponta-cabeça, sentados, em pé, deitados, chorando, sorrindo, cantando, falando, gemendo, gritando e até gesticulando o corpo".

Pregadores que agradam homens

Nas igrejas em células, os aspirantes a pregador recebem instruções como: "seja bem-humorado; use termos joviais, expressões em inglês e termos regionais; faça brincadeirinhas; pregue com emoção; não seja um chato". Os pregadores têm de ser, obrigatoriamente, animadores de auditório. Um influente líder da juventude disse: "Se você quer pregar sem se contextualizar, esqueça! Estamos cansados de tanta cerimônia, de tanta opressão, de tanta mesmice".

Os pregadores da santificação não são bem-vindos. "As pessoas não vão aos cultos para serem repreendidas, mas para buscar soluções para problemas, conflitos, receber alívio para seus sofrimentos; enfim, para satisfazer as suas necessidades." — Dizem os defensores do evangelho antropocêntrico.

Mas, à luz das Escrituras, o compromisso do pregador é com o Senhor. Quando o Senhor mandou Ezequiel profetizar, avisou-o de que o audotório não o ouviria, pois era "casa rebelde" (Ez 2.1-4). O homem de Deus deve pregar, quer ouçam, quer deixem de ouvir, porque o seu compromisso é com Deus (v. 5). Jesus não elogiou ou agradou Nicodemos, mas lhe disse, com franqueza, que era necessário nascer de novo (Jo 3.1-5).

A "visão celular" valoriza as estratégias de *marketing*. Os líderes falam muito aos seus liderados sobre atacado e varejo; o *marketing* pessoal também é fundamental. "Empreender é como espalhar logotipos. É deixar a marca pessoal em tudo que se realiza. O anonimato, a modéstia são para quem não tem o que mostrar ou fazer." — afirmam.

Deus, entretanto, que não dá a sua glória a outrem (Is 42.8), "... atenta para o humilde; mas ao soberbo conhece-o de longe" (Sl 138.6). Daí a humildade ser uma característica marcante na vida dos verdadeiros mensageiros do Senhor (Mt 11.28-30; Jo 3.30; Gl 2.20).

As mensagens dos pregadores desse deus "Papai Noel" são voltadas exclusivamente para o ser humano e suas necessidades. Eles não pregam Cristo. Suas mensagens possuem temas sofisticados, como

"Grávidos por um avivamento". Ouvi, recentemente, uma pregação com esse tema, em que o pregador divagou sobre todas as fases de uma gestação — desejos, enjôos, etc. —, aplicando tudo a um avivamento vindouro. Antes, porém, o "avivalista" discorreu sobre como o crente pode ficar "grávido"...

Inimigos da cruz de Cristo

A simplicidade do evangelho de Cristo tem sido desprezada por esses pregadores. Eles são incapazes de dizer: "Jesus Cristo salva, cura, batiza com o Espírito Santo e em breve voltará". Isso para eles é ser retrógrado; preferem discorrer sobre temas que provocam emoção, gritos, pulos, "marchas", "vôos de águia" e descontração. Muitos, depois de tais mensagens, dizem: "Como esse pregador é bom, animado e divertido". Mas poucos afirmam: "Hoje, Jesus falou comigo".

Eles não pregam que Cristo venceu na cruz. Primeiro, porque sequer crêem nisso; para eles, cruz é sinônimo de derrota. Segundo, porque a pregação dessa verdade não lhes traz nenhum benefício material imediato, para esta vida. Não há dúvidas: são inimigos da cruz de Cristo (Fp 3.18). Quando falam de Jesus, distorcem a sua obra, afirmando que Ele foi ao inferno, para tomar as chaves do Diabo e lá nos resgatar...

Para o antropocentrismo "evangélico", Jesus — o Cordeiro imaculado e incontaminado (1 Pe 1.18,19) —, teria assumido a natureza de Satanás na cruz (que blasfêmia!), além de só ter realizado a redenção da humanidade no inferno, ao fazer uma declaração de fé como homem. Ele teria sido torturado por demônios, no inferno, onde conseguiu, pela força da fé, tomar as chaves do Diabo e vencê-lo.

Ora, Jesus não foi ao Hades para tomar chaves de Satanás. Ele tem as chaves da morte e do inferno (Ap 1.18), porém não as tomou do Inimigo. Isso é uma invencionice, como já explicamos em nossa obra *Erros que os Pregadores Devem Evitar*, também editada pela CPAD. Basta ler a Bíblia com atenção para descobrir que o Diabo nunca esteve no Hades, pois habita as regiões celestiais (Ef 2.2; 6.11).

Ademais, o Senhor Jesus foi à região dos espíritos dos mortos proclamar a sua vitória e tirar de lá os justos dos tempos do Antigo

Testamento, pois até antes de sua morte o Hades era um lugar só, com dois compartimentos — o dos justos e o dos ímpios —, separados por um abismo. Isso é claramente descrito nas seguintes passagens: 1 Pedro 3.18,19; Efésios 4.8-11; e Lucas 16.19-31.

Por favor, leve-me à cruz!

Erwin W. Lutzer conta a história de um garoto perdido em uma cidade grande. Encontrado por um policial, ele só sabia o seu nome e que freqüentava uma igreja com uma grande cruz na frente. O menino, então, pediu ao guarda: "Apenas me leve à cruz, e acharei o caminho de casa!"[1]

Sabemos — nós, que valorizamos as Escrituras — que a mensagem da cruz é poder de Deus (1 Co 1.18). Temos plena convicção de que, ao ser pendurado no madeiro, o Senhor Jesus Cristo venceu Satanás (Hb 2.14,15) e consumou a obra expiatória (Jo 19.30; 2 Co 5.14-21). Sim, mediante aquele sacrifício humilhante, Cristo, "... despojando os principados e as potestades, publicamente os expôs ao desprezo, triunfando deles na cruz" (Cl 2.15, ARA).

A cruz — e não o crucifixo — é símbolo do verdadeiro evangelho de Cristo. Mas muitos hoje a rejeitam, pois não crêem que, na cruz, Cristo venceu o Diabo e seus agentes. Em contrapartida, há igrejas que aceitam com facilidade os símbolos do judaísmo, pregam um cristianismo judaizante e até defendem a circuncisão...

Há pregadores que afirmam: "Esse negócio de Jesus ter morrido por nós... não estou interessado no que Ele fez no passado; quero saber das bênçãos que me dá hoje". Muitos falsos profetas dizem que crêem nas Escrituras. Não obstante, omitem a obra redentora de Jesus na cruz, a sua ressurreição, a sua volta, a santificação do povo de Deus, etc.

Nada além de fé?

Os pregadores do deus "Papai Noel" não falam de nenhuma outra virtude, a não ser da fé. É como se, de Gênesis a Apocalipse, as Santas Escrituras apresentassem a fé como a maior de todas as virtudes da vida cristã. Mas, o que a Palavra de Deus diz sobre esse assunto?

É claro que é impossível agradar a Deus sem fé (Hb 11.6). Contudo, isolada, essa virtude é morta. Ela precisa estar acompanhada de obras (Tg 2.17,24,26). Conquanto sejamos salvos pela graça de Deus, por meio da fé, e não pelas obras (Ef 2.8,9), o contexto dessa mesma passagem enfatiza que fomos "... criados em Cristo Jesus para as boas obras, as quais Deus preparou para que andássemos nelas" (v. 10).

A fé é apenas um dos elementos que compõem o fruto do Espírito — e não a sua essência —, o qual é formado por amor, gozo, paz, longanimidade, benignidade, bondade, fé, mansidão e temperança (Gl 5.22). É certo dizer que a fé, ao lado do arrependimento, são as primeiras virtudes da vida cristã, haja vista ambas serem imprescindíveis para o recebimento da salvação. Entretanto, uma vez salvos, devemos agregar outras virtudes à nossa fé (2 Pe 1.5-9).

Na conclusão de sua carta aos coríntios, Paulo afirma que deveriam permanecer a fé, a esperança e o amor. E enfatizou: "... o maior destes é o amor" (1 Co 13.13, ARA). Ele deixou claro que fé sem amor não tem valor algum para Deus: "... ainda que tivesse toda a fé, de maneira tal que transportasse os montes, e não tivesse caridade [amor], nada seria" (v. 2).

O crente que só pensa em receber bênçãos torna-se egocêntrico. Tudo o que faz visa exclusivamente ao recebimento de bênçãos. E a fé não é uma virtude direcionada apenas à consecução de dádivas. Em Hebreus 11, lemos sobre os heróis que, pela fé, fecharam as bocas dos leões e escaparam da espada (vv. 33,34). Glória a Deus! Mas também lemos, no mesmo capítulo, sobre os que, pela fé, foram maltratados, torturados, apedrejados, serrados e desamparados (vv. 25,35-38). Alguém diz "aleluia"?

Portanto, embora a fé seja uma virtude pela qual recebamos bênçãos do Senhor, é por ela também que alcançamos vitórias em meio a provações, tentações, angústias e ameaças (1 Jo 5.4; At 4.29-31).

Acima das tribulações?

O principal trunfo para o crente vencer as provações e tentações é conscientizar-se de que elas são uma realidade na vida de todos os que obedecem a Deus (1 Pe 5.8-10). A vida cristã genuína é marcada por renúncia, santidade, provação e perseguição — é uma batalha constante. Daí Paulo ter dito ao jovem Timóteo: "Sofre, pois, comigo as aflições, como bom soldado de Cristo" (2 Tm 2.3).

Mas os "mestres da fé" têm enganado o povo de Deus, dizendo que o crente vive acima das tribulações. Paulo, que jamais pregaria esse falso evangelho antropocêntrico, afirmou: "Porque, como as aflições de Cristo abundam em nós, assim também a nossa consolação abunda por meio de Cristo" (2 Co 1.5). Observe: "aflições de Cristo", isto é, aflições por causa do amor a Cristo. E elas são muitas: "abundam" (cf. 2 Co 2.4).

Ilude-se quem pensa que a vida cristã é um "mar de rosas". É maravilhoso ter comunhão com Jesus, usufruir o seu amor, sentir a sua presença e ter a vida dirigida por Ele. Também é verdade que, em Cristo, temos paz, alegria e, sobretudo, a certeza da vida eterna. Contudo, devemos seguir a toda a verdade da Palavra de Deus, e não somente parte dela.

Como servos de Deus, precisamos aprender a ter paz mesmo em meio às aflições (2 Co 4.8,9). O Senhor Jesus disse: "Tenho-vos dito isso, para que em mim tenhais paz; no mundo tereis aflições, mas tende bom ânimo; eu venci o mundo" (Jo 16.33). Alguém poderá perguntar: "Que paz é essa que o Senhor nos dá, se continuamos atribulados?"

Quem quiser entrar no céu precisa estar disposto a enfrentar dificuldades nesta vida; importa que passemos por muitas tribulações (At 14.22). Esse texto não diz "poucas tribulações", mas "muitas tribulações" (cf. 2 Co 8.1,2). O crente que não enfrenta provações deveria ficar preocupado, haja vista elas fazerem parte da vida dos justificados pela fé (Rm 5.1-5).

Por mais que os triunfalistas, pregadores do deus "Papai Noel", estejam na mídia afirmando que o crente precisa aprender a usar o poder da fé, a fim de que viva sem aflições, as Escrituras, que não mentem, dizem: "... a nossa leve e momentânea tribulação produz para nós um peso eterno de glória mui excelente" (2 Co 4.17). O crente não vive — como diz erroneamente uma canção que chamam de hino — acima dos problemas e das tentações... Isso é engodo (Rm 8.18).

Conquanto muitos não aceitem essa verdade, as tribulações são uma realidade na vida do salvo (2 Co 1.6). E elas ocorrem com propósitos definidos, como manifestação da glória de Deus e aperfeiçoamento (1 Pe 2.19-21). Em 2 Timóteo 3.12, está escrito:

"... todos os que piamente querem viver em Cristo Jesus padecerão perseguições".

É claro que temos paz e alegria! Mas essas se dão, muitas vezes, em meio às tribulações (Hc 3.17,18). Se você se considera um servo de Deus, mas vive, como muitos têm dito, "por cima da carne seca", sem provações, lutas, tentações ou qualquer tipo de dificuldade, algo está errado! Fale com o Senhor agora mesmo e peça-lhe perdão pelos seus pecados. Viva, a partir de agora, de acordo com a Palavra de Deus. Se for necessário, entregue a sua vida a Jesus de novo!

Se podemos complicar, por que simplificar?

Os propagadores desse evangelho voltado para o homem dão muita ênfase à quebra de maldições. Enfatizam que, mesmo salvo, o crente precisa de libertação. E apresentam fórmulas e receitas para o salvo se libertar da maldição hereditária, tomando como base textos isolados, fora de contexto, como Êxodo 20.5.

Eles demonstram total desconhecimento de uma regra elementar de interpretação: a Bíblia interpreta a própria Bíblia. Se acreditarmos que o texto acima aplica-se a nós, hoje, então teremos de admitir que fomos tirados do Egito, literalmente, nos dias de Moisés! O mandamento em questão — com previsão de punições extensivas às gerações dos seus infratores — foi endereçado aos israelitas tirados do Egito, da casa da servidão (v. 1).

Não podemos usar essa referência para afirmar que Deus visita a maldade dos pais nos filhos até à terceira e quarta geração, por uma simples razão: o próprio Senhor disse que pune "a alma que pecar" (Ez 18.4,17,20). Estejamos, pois, certos de que Ele não tem em conta os tempos da ignorância (At 17.30).

Olá, Maria das dores!

Esse complexo evangelho antropocêntrico afasta cada vez mais os crentes do centro do evangelho: Cristo. Uma de suas principais ênfases, além da maldição hereditária, é a cura interior — isto é, a falsa cura interior. As suas mensagens mesclam conceitos e metódos da psicologia a passagens bíblicas fora de contexto.

A hipnose, que sempre foi considerada uma prática ocultista, vem sendo aceita, nesse tempo pós-moderno, como "científica" pelos psicológos. Como conseqüência, já temos ouvido falar de movimentos ditos evangélicos em que uma espécie de hipnose vem sendo empregada nas sessões de falsa cura interior ou cura das memórias.

Dave Hunt afirmou:

> *Variações dessa psicologia se infiltraram na igreja, nas escolas cristãs e seminários porque pastores e outros líderes aceitaram a alegação de que ela é científica e neutra. A maioria dos crentes não consegue reconhecer que o cristianismo e a psicoterapia são dois sistemas religiosos rivais e irreconciliáveis. A união dos dois como "psicologia cristã" cria um jugo desigual que introduz na igreja a influência sedutora da psicologia secular.*[2]

Ora, quem nos liberta por completo e cura o nosso íntimo, de fato, é o Senhor Jesus (Jo 8.32,36). Com todo respeito a Freud, o pai da pscicanálise, e nada tendo contra os psicólogos cristãos, quem cura a alma de verdade é o Senhor Jesus Cristo! Ou será que nada vale o que Ele mesmo disse em Lucas 4.18?

Mas os antropocentristas vão ainda mais longe. Afirmam que o simples fato de alguém possuir um nome com significado negativo é o suficiente para que tenha uma vida de derrota. Mesmo que alguém seja salvo em Cristo, se tiver um nome como Maria das Dores, precisa quebrar a maldição que há em seu nome! Aliás, isso não basta — precisa se apresentar com outro nome!

Meu Senhor, quanta invencionice! Como há pregadores que preferem complicar a simplicidade do evangelho de Cristo! Se Paulo vivesse em nossos dias, e ouvisse tais falácias, afirmaria, com toda a veemência: "Portanto, agora, nenhuma condenação há para os que estão em Cristo Jesus..." (Rm 8.1). E mais: "Assim que, se alguém está em Cristo, nova criatura é: as coisas velhas já passaram; eis que tudo se fez novo" (2 Co 5.17).

Cantando para o Diabo ouvir...

O evangelho do deus "Papai Noel" também é demonológico ou "diabolocêntrico", haja vista os seus propagadores mencionarem a todo tempo o Diabo e seus agentes. É comum ouvir pessoas bradando: "Agora, eu vou cantar essa canção para Satanás ouvir" ou "Vou gritar bem alto para sacudir o inferno". Certo pregador afirmou que a sua missão resume-se em "chutar a cara do Diabo" por onde passa.

Como todas as coisas negativas seriam, segundo esse evangelho, determinadas pelo Diabo — principalmente doenças e problemas financeiros —, os crentes têm de dirigir-lhe palavras de ordem. Faz-se isso nas canções, pregações e "orações de guerra", exigindo que o Inimigo pegue o que é seu e saia.

Adota-se uma postura de afronta a Satanás, como se isso fosse uma prioridade na vida do crente. Ora, nós cantamos para o Diabo ouvir, ou para adorar a Deus? Pregamos para sacudir o inferno, ou para "abalar" o coração dos pecadores? Dirigimos palavras de ordem ao príncipe das trevas, ou oramos ao Pai das luzes, em nome de Jesus? Nossa missão não é chamar o Inimigo para briga, e sim fazer a vontade do Senhor!

É claro que o Adversário se levanta, quando nos dispomos a fazer a vontade de Deus. Mas vençamo-lo, no poder de Cristo (Mt 16.18; Lc 10.19). Não precisamos xingá-lo de "capeta", como muitos fazem (cf. Jd v. 9). Outra inutilidade é berrar ao microfone: "Diabo, eu ordeno que você volte para o inferno, de onde nunca devia ter saído!"

O Inimigo deve rir dessas atitudes, pois ele nunca esteve no inferno! E, se o próprio Deus permite que ele seja o deus deste século (2 Co 4.4), como poderíamos mandá-lo para o inferno? Há somente uma coisa que o preocupa: a nossa comunhão com o Senhor, pois, quando nos sujeitamos a Ele, temos poder, de fato, para resistir ao Diabo, fazendo-o fugir de nós (Tg 4.7).[3]

Culpa do Inimigo?

Para os antropocentristas, faz-se necessário "amarrar" os demônios e "não dar legalidade" ao Inimigo, pois tudo — absolutamente tudo — o que ocorre é determinado pelo "mundo espiritual". Nesse caso, quando um crente mente ou se prostitui, faz isso porque foi dominado por espíritos malignos, e não porque cedeu à tentação.

Ora, isso não tira do ser humano a responsabilidade pelo pecado? E o processo da santificação (Hb 12.14), deixou de existir? Quer dizer, então, que basta "amarrar" todos os demônios à nossa volta, para termos uma santidade perfeita? Por que Paulo mencionou as obras da carne, em Gálatas 5.19-21, se tudo é determinado pelo Diabo?

Hank Hanegraaff afirmou:

> *Invertar "demônios da luxúria", "demônios das drogas" ou "demônios da ira" é, na melhor das hipóteses, um exemplo de ênfases mal colocadas, e na pior, uma ilustração de como a desculpa "o Diabo levou-me a fazê-lo" tornou-se a teologia prevalescente de uma subcultura cristã, que busca desesperadamente bodes expiatórios.*[4]

A mentira, por exemplo, não é um demônio, necessariamente — conquanto haja espíritos de mentira (1 Rs 22.22) —, e sim uma obra da carne: "Não mintais uns aos outros, pois que já vos despistes do velho homem com os seus feitos" (Cl 3.9).

Em Tiago 1.14, está escrito que, quando pecamos, fazemos isso em razão de nossa própria concupiscência. É do coração que procedem as obras carnais (Mt 15.19). Pôr toda a culpa no Inimigo e depois dirigir palavras de ofensa a ele é fácil! Difícil é resistir até ao sangue, combatendo contra o pecado (Hb 12.4).

Saúde é o que interessa!

Os pregadores do deus "Papai Noel" asseveram que o crente nunca fica doente — se ficar, está em pecado, não entendeu o que é viver pela fé, além de estar dominado pelo Diabo. Que falácia! Tudo isso porque as suas mensagens visam a agradar o ser humano e atendê-lo em suas necessidades restritas a essa vida, como saúde, prosperidade e bem-estar. Só embarca nessa "canoa furada" quem não conhece as Escrituras!

Para início de conversa, nem todas as doenças provêm do Maligno. E, queiram ou não os tais pregadores, toda carne é como a erva, e a glória do homem como a flor da erva (1 Pe 1.24). O ser humano se desgasta, pois o seu corpo é corruptível (2 Co 4.16). Um dia, os salvos se revestirão de incorruptibilidade (1 Co 15.54); por enquanto, embora Jesus tenha poder para nos curar, segundo a sua vontade (1 Jo 5.14; Mt 6.9,10; 26.42), estamos sujeitos às enfermidades.

Os pregadores da saúde perfeita sempre "exigem" a cura e dizem que Senhor cura sempre, pois a saúde é um direito do crente. Por que, então, Eliseu morreu em decorrência de uma enfermidade (2 Rs 13.14)? Por que Timóteo e Trófimo não foram curados (1 Tm 5.23; 2 Tm 4.20)? Estariam esses homens de Deus endemoninhados? Jó e Lázaro estavam igualmente possessos, quando adoeceram (Jó 1.1; 2.12,13; Jo 11.1-4)? Se a saúde é um direito do crente, por que ele fica doente?

Em Salmos 41.3, está escrito: "O SENHOR o sustentará no leito da enfermidade; tu renovas a sua cama na doença". Torna-se flagrante, à luz dessa passagem, a falta de bom senso e de conhecimento bíblico de quem pensa que não existe a possibilidade de um verdadeiro servo do Senhor ficar doente. Porém, o Senhor é quem o assiste no leito e afofa a sua cama (cf. ARA).

Muitos desses falsificadores da Palavra de Deus, mesmo enfatizando que a saúde perfeita é um direito do crente, usam óculos — às vezes, com lentes do tipo "fundo de garrafa" —, contraem doenças, como artrite, deficiências na audição, osteoporose, câncer, etc. Embora não aceitem a evidência de que o ser humano se desgaste ao longo dos anos, ela é uma realidade (Sl 90.10).

Por mais triunfalista que seja um crente, se Jesus não voltar, ele vai morrer. Há alguns anos, um dos principais gurus e propagadores da confissão positiva, que afirmava que nem remédio para dores de cabeça tomava, morreu. Morreu? Ora, como isso pode ter acontecido, se o tal "mestre da fé" gabava-se de ter uma saúde perfeita?!

Confesse... os pecados!

Já se foi o tempo em que a maioria dos crentes entendia a palavra "confissão" como sinônimo de arrependimento e afastamento do pecado. Aliás, esse é o principal significado do termo nas páginas sagradas (Pv 28.13; 1 Jo 1.9), embora haja outras acepções (cf. Rm 10.9; Mt 10.32). Não há nenhuma referência em que o verbo "confessar" seja empregado com o sentido de pronunciar "palavras mágicas".

Como no antropocentrismo tudo gira em torno do limitado e frágil ser que se gaba de muitas coisas — o homem —, este pensa que é importante e pode resolver tudo mediante as suas palavras. O crente não deve chorar, nem sofrer, pois domina todas as coisas: é um deus andando na terra. E, sendo assim, a sua declaração de fé é poderosa. Ele pode, com uma única declaração, ser abençoado ou abençoar pessoas, famílias, nações e até times de futebol!

Para muitos crentes não há dúvidas: as nossas "confissões" têm poder para abrir e fechar portas, matar e fazer viver, construir e destruir. Meu Deus, como o teu povo tem se desviado da tua Palavra! Quantas distorções nesses dias que antecedem aquele glorioso dia, em que Cristo arrebatará a sua Noiva!

Um texto muito usado por aqueles que defendem a chamada confissão positiva é Tiago 3.10, que de forma alguma respalda tal modismo. Tiago, inspirado por Deus, alertou quanto ao perigo da maledicência, incentivando-nos a usar a língua para bendizer a Deus (vv. 1-9). Basta ler o texto e o contexto com atenção para entender isso.

Muitos gostam de citar o episódio da visão do vale de ossos secos, em que Ezequiel profetizou, e os ossos reviveram. No entanto, o profeta, conforme se lhe deu ordem (Ez 37.7), disse: "Ossos secos, ouvi a palavra do SENHOR" (v. 4). O poder para vivificar os ossos, pois, não estava em sua palavra, e sim na do Senhor (cf. Hb 4.12).

Os defensores da confissão positiva gostam de citar o fato de que Elias "determinou" que não choveria durantes três anos e seis meses, e de fato não choveu segundo a sua declaração de fé (1 Rs 17.1). "Oh, como Elias era poderoso", alguém poderá pensar. Porém, a ousadia do profeta diante do rei Acabe se deu em decorrência do que está mencionado em Tiago 5.17: "Elias era homem sujeito às mesmas paixões que nós e, orando, pediu que não chovesse..."

A confissão negativa de Paulo

Ah, não podemos nos esquecer das confissões negativas. Se as positivas determinam bênçãos, as negativas decretam maldições! E os defensores dessa doutrina ignoram as muitas declarações ou confissões infelizes registradas na Bíblia, as quais não se cumpriram (cf. 1 Sm 27.1,2; Gn 21.14-21; 42.36; Jn 4.8-11; Mc 9.17-27).

É claro que não devemos ser negativistas, reclamando e murmurando de tudo. Embora isso não determine o fracasso — pois Deus é misericordioso e pode nos ajudar, mesmo quando passamos por momentos de fraqueza espiritual (cf. 1 Rs 19.1-8) —, devemos bendizer ao Senhor em todas as circunstâncias, haja o que houver (1 Ts 5.18; Jó 1.20-22).

Paulo fez uma "confissão negativa" que todos deveriam fazer: "... Cristo Jesus veio ao mundo, para salvar os pecadores, dos quais seu sou o principal" (1 Tm 1.15). Bem, os triunfalistas, que nunca admitem estarem enganados, diriam: "Paulo errou, pois um crente jamais deve dizer que é pecador; isso é admitir ser um derrotado". Ora, embora todos sejamos pecadores, o sangue de Jesus nos purifica de todo pecado (1 Jo 1.7).

O Brasil é do Senhor Jesus?

Engana-se quem pensa que a igreja brasileira está vivendo a sua melhor fase, influenciando essa nação. Hoje, os crentes não incomodam nem influenciam ninguém! (Quer dizer, incomodam apenas a "igreja da maioria" quanto ao crescimento numérico.) Boa parte da igreja evangélica está misturada com o mundo, envolvida em assuntos que não são de sua competência, e ainda prega um evangelho "contextualizado", que agrada as pessoas do mundo, atraindo-as para dentro dos templos, mas afastando-as da verdade!

É comum, em grandes eventos ou "marchas", ouvirmos crentes dizendo: "Eu estou aqui para declarar que esta cidade é do Senhor Jesus". Como os pregadores do evangelho antropocêntrico acreditam que são "a boca de Deus" na terra e que com as suas palavras de ordem abrem e fecham portas — que ingenuidade! —, declarar que uma cidade é do Senhor Jesus determinará que, de fato, ela o será.

No entanto, se não houver compromisso com o verdadeiro evangelho, teremos vários simpatizantes e fãs de Cristo gritando isso, enquanto as coisas continuarão exatamente como estão! Não seria mais eficaz pregar o evangelho? Não só o Brasil, mas o planeta Terra e todo o Universo são dAquele que criou todas as coisas (Sl 24.1; Hb 11.3). Contudo, o mundo precisa ouvir as boas novas de salvação (Mc 16.15; Mt 28.19).

Quantos pregadores e líderes já não "abençoaram" o Brasil, "profetizando" que esse país é do Senhor Jesus?! A despeito disso, a nossa nação continua cheia de violência, imoralidade e corrupção. Quantos já não declararam que as cidades do Rio de Janeiro e de São

Paulo pertencem a Cristo?! Porém, elas continuam indo de mal a pior em matéria de segurança pública, educação, moralidade...

O Brasil precisa ser conquistado pela mensagem do evangelho, e não politicamente. O Reino de Cristo é espiritual (Jo 18.36; Rm 14.17). Precisamos orar pela nossa nação e pregar o verdadeiro evangelho. E, quando fizermos isso, estejamos preparados para as perseguições: "bem-aventurados sois vós quando vos injuriarem, e perseguirem, e, mentindo, disserem todo o mal contra vós, por minha causa" (Mt 5.11).

Se o mundo nos trata bem e nos vê com bons olhos, devemos ficar preocupados. Jesus disse: "Se o mundo vos aborrece, sabei que, primeiro do que a vós, me aborreceu a mim. Se vós fôsseis do mundo, o mundo amaria o que era seu, mas, porque não sois do mundo, antes eu vos escolhi do mundo, por isso é o que o mundo vos aborrece" (Jo 15.18,19).

Eu decreto, nós declaramos...

Todos os crentes deveriam rejeitar essa prática descabida de ficar dizendo: "Profetizo vitória sobre esta nação" ou "Olhe para o seu irmão e profetize prosperidade para ele". Isso, além de não ter respaldo da Palavra de Deus, não muda em nada as circunstâncias. Deus pode mudar a situação de um país ou um governo por intercessão e influência do seu povo, e não mediante palavras de ordem (1 Tm 2.1-3; 2 Cr 7.14,15).

Há alguns anos, certa profetisa "decretou" e "profetizou" o fechamento de todos os bares e casas de *shows* do Rio de Janeiro! Ora, o dom de profecia é dado pelo Espírito Santo para edificação, exortação e consolação da igreja (1 Co 14.3); e para o que for útil (1 Co 12.7). O Senhor fala como e quando quer (1 Co 12.11), e não quando alguém resolve, por conta própria, "profetizar" ou mandar alguém fazer isso. Isso é outra invencionice.

Mas é comum vermos pessoas "determinando" sobre as suas carteiras, para que fiquem cheias de dinheiro, ou "decretando" sobre os seus corpos, para que fiquem sadios, conquanto não haja sequer um versículo bíblico que confirme tal prática. A Palavra do Senhor incentiva-nos a clamar a Deus e buscá-lo de todo o nosso coração, com súplicas, jejuns e choro (Jr 33.3; 29.13; 31.9; Ef 6.18; Sl 6.6; 30.5; Jl 2.12,17). Jesus disse que devemos *pedir* ao Pai em seu nome (Mt 7.7-11; Jo 14.13).

Os falsos mestres da atualidade torcem, falsificam a Palavra de Deus (cf. 2 Pe 3.16; 2 Co 2.17), afirmando que o sentido do termo "pedir" equivale, no grego, a "determinar" e "exigir". Valem-se da eisegese, método pelo qual se cria uma doutrina, para depois encontrar na Bíblia expressões e versículos isolados, bem como palavras que, segundo eles, possuem uma interpretação diferente da usual e comum.[5]

Segundo eles, o crente não deve nem pedir oração aos irmãos, pois isso implica falta de fé. Que engano! A Palavra de Deus diz: "... orai uns pelos outros, para que sareis; a oração feita por um justo pode muito em seus efeitos" (Tg 5.16). O apóstolo Paulo — apesar de ter sido um imitador de Cristo — não deve agradar esses triunfalistas, haja vista ter demonstrado o quanto contava com a ajuda dos crentes: "Irmãos, orai por nós" (1 Ts 5.25).

Que Deus nos abençoe!

Nas Escrituras, o verbo "abençoar" tem duas acepções. No sentido de conferir ou transferir bênçãos a alguém, esse verbo só pode ser associado a Deus, pois somente Ele tem o poder de conceder bênçãos (Ef 1.3). Tudo vem dEle: "Toda boa dádiva e todo dom perfeito vêm do alto, descendo do Pai das luzes, em quem não há mudança, nem sombra de variação" (Tg 1.17). O verbo "abençoar" também pode ser usado em outro sentido pelo crente — o de desejar ou invocar as bênçãos do Senhor.

Os propagadores do antropocentrismo "evangélico" acreditam que eles podem dar bênçãos ao povo, valendo-se do primeiro sentido apresentado! Eles acreditam que são portadores das bênçãos, e que, mediante palavras de ordem, podem abençoar as pessoas. E usam, de modo equivocado, as passagens relacionadas com as bênçãos patriarcais, a fim de respaldar tal prática.

Quanto às declarações dos patriarcas aos seus filhos, não é preciso nem argumentar muito. Basta ler a Bíblia. As palavras de Isaque, ao abençoar Jacó, foram: "Assim, pois, te dê Deus do orvalho dos céus, e das gorduras da terra, e abundância de trigo e de mosto" (Gn

27.28). Isaque não disse: "Eu te dou", mas "Deus te dê". Portanto, o uso do verbo "abençoar" aqui (v. 30) é claro: invocar as bênçãos de Deus, e não dar a bênção por conta própria.

Em Hebreus 11.21, está escrito que Jacó abençoou os filhos de José. Engana-se quem afirma que, naquela ocasião, o patriarca era o portador das bênçãos e as transferiu aos filhos de José. "Assim, os abençoou naquele dia, dizendo: Em ti Israel abençoará, dizendo: Deus te ponha como a Efraim e como a Manassés. E pôs a Efraim diante de Manassés" (Gn 48.20). Ao dizer "Deus te ponha", Jacó apenas invocou as bênçãos de Deus.

Muitos argumentam que o próprio Deus nos deu permissão para abençoar, e que, por isso, há poder em nossas palavras. De fato, podemos abençoar. Mas, o que significa isso? Em Números 6.23,24, temos a resposta: "Assim abençoareis [isto é, invocareis a bênção de Deus sobre] os filhos de Israel, dizendo-lhes: O Senhor te abençoe e te guarde". Leia também Romanos 12.14.

Não nos deixemos levar por esse falso pensamento de que podemos abençoar alguém por conta própria, pelo poder de nossas palavras. Que continuemos a dizer a nossos filhos, como fizeram os patriarcas: "O Senhor te abençoe", e não "Eu te abençôo". Reconheçamos que todas as bênçãos vêm do nosso Deus. Ele, sim, é grande e tremendo (Dn 9.4).

Diante do exposto, basta uma análise imparcial do livro de Atos dos Apóstolos para ver o quão distante esse evangelho antropocêntrico está do pregado e praticado pela igreja primitiva, cujo compromisso era cumprir o mandado de Jesus (At 1.8), sem abrir mão da verdade (At 15.1-32; 17.10,11; 20.28).

Bem, antes de mudar de página, responda-me com sinceridade: Você acredita em Papai Noel?

[1] LUTZER, Erwin, *Quem É Você para Julgar?*, CPAD, p. 83.

[2] HUNT, Dave, *A Sedução do Cristianismo*, Chamada da Meia-Noite, p. 33.

[3] Essa questão é abordada em detalhes no livro *Erros que os Pregadores Devem Evitar*, do mesmo autor.

[4] HANEGRAAFF, Hank, *A Armadura Espiritual*, CPAD, p. 34.

[5] A palavra "eisegese" é o contrário de "exegese". Enquanto esta refere-se ao que é extraído das Escrituras de modo correto, à luz do contexto, a outra torce a Palavra de Deus, quer acrescentando-lhe inverdades, quer tirando-lhe verdades (cf. Ap 22.18,19).

Capítulo

3

Tudo por Dinheiro

O evangelho da prosperidade

Porque nós não estamos, como tanto outros, mercadejando a palavra de Deus; antes, em Cristo é que falamos na presença de Deus, com sinceridade e da parte do próprio Deus.

2 Coríntios 2.17, ARA

Antigamente, os crentes que buscavam riquezas eram duramente criticados nas igrejas. Hoje, os pregadores da "nova onda" afirmam que é vontade de Deus que todos sejam ricos. E acrescentam: "Adeus, pobreza do inferno! Você, irmão, nasceu para ser rico!" Ser pobre — mesmo que as Escrituras digam o contrário (Hb 11.37,38; Tg 2.5) — é estar sob maldição. Bem-vindo ao evangelho da prosperidade!

O que é o evangelho da prosperidade?

Esse evangelho centra-se em verdades bíblicas pela metade, fora de contexto. E isso tem levado muitos crentes a pensarem que só passarão por privações se um demônio — ou "encosto" — da miséria estiver por perto. Ora, enfrentar dificuldades nunca foi nem será sinal de fracasso espiritual. O salvo pode ser pobre e continuar andando de cabeça erguida, haja vista o seu maior tesouro estar guardado nos céus (1 Pe 1.3,4).

De acordo com esse evangelho, ser cristão implica ter uma vida abastada, longe dos problemas e enfermidades. Homens de Deus como Jó são considerados carnais, apesar de a Palavra de Deus afirmar que esse patriarca era sincero, reto, temente a Deus e desvia-se do mal (Jó 1.1-3). Mesmo depois de ele ter perdido todos os seus bens, continuou fiel ao Senhor, dando-lhe glória e mantendo as mesmas qualidades mencionadas (Jó 1.20-22; 2.3; 13.15).

Os propagadores desse "outro evangelho" comercializam "bênçãos", mercadejando a Palavra do Senhor. Afirmam que ser rico é uma prerrogativa do crente, associando de forma errada a pobreza à vida de pecado — dominada pelo Diabo — ou à falta de fé. Tais pregadores dão uma ênfase exagerada à contribuição financeira e priorizam a conquista de bênçãos na terra. Com isso, desviam os crentes das doutrinas fundamentais da fé cristã.

Qual é a sua prioridade?

Segundo esse evangelho, todos os crentes devem ser ricos e recuperar, pela fé, o estado original que Adão e Eva tinham antes da Queda. No entanto, Deus não criou o homem rico; antes, colocou-o no jardim para trabalhar (Gn 2.8-15). O trabalho precede o pecado e não deve ser confundido com a maldição decorrente da Queda (Gn 3.19).

Ninguém sobrevive sem alimento. A comida para o corpo é insubstituível. Contudo, Jesus falou de uma comida ainda mais importante e prioritária: "A minha comida é fazer a vontade daquele que me enviou e realizar a sua obra" (Jo 4.34). E Paulo também disse: "... o Reino de Deus não é comida nem bebida, mas justiça, e paz, e alegria no Espírito Santo" (Rm 14.17).

Ter uma vida abastada é muito bom, mas não é o principal. Precisamos aprender com Jesus, e não com os teólogos da prosperidade. Para eles, a vida cristã resume-se em ter saúde, bens, dinheiro, despensa cheia... Tudo gira em torno de prosperidade financeira. No entanto, Jesus ensinou: "Trabalhai não pela comida que perece, mas pela comida que permanece para a vida eterna..." (Jo 6.27).

A melhor definição para o verbo "prosperar", à luz das Escrituras, é "florescer". A palavra "prosperidade", do latim *prospérus*, significa "feliz, ditoso, florescente". E, nesse sentido, a Palavra de Deus afirma: "O justo florescerá como a palmeira; crescerá como o cedro do Líbano. Os que estão plantados na Casa do SENHOR florescerão nos átrios do nosso Deus. Na velhice ainda darão frutos; serão viçosos e florescentes" (Sl 92.12-14).

Segundo a Bíblia, florescer como uma árvore significa prosperar em todos os sentidos (Sl 1.1-3) e dar muito fruto (Jo 15.1-5). Sabemos que uma árvore não cresce apenas para cima ou para os lados; cresce também para baixo; tem raízes. Essa é a prosperidade que o Senhor quer dar aos seus filhos: um crescimento em todas as direções. É um grande engano encarar a prosperidade material como um fim em si mesmo (Mt 6.33; 12.16-21).

Ricos e pobres na Casa de Deus?

Não é pecado ser pobre, nem rico. Somos livres para trabalhar e conquistar dignamente os nossos bens. É claro que há desigualdades sociais, e o Senhor não é o culpado disso. Uma pessoa que nasce em uma comunidade pobre terá de lutar para consolidar, com muito esforço — caso seja honesta —, uma carreira profissional. Já a pessoa que nasce em "berço de ouro" terá tudo à sua disposição.

Entretanto, não nos esqueçamos das palavras de Jesus: "Filhos, quão difícil é, para os que confiam nas riquezas, entrar no Reino de Deus! É mais fácil passar um camelo pelo fundo de uma agulha do que entrar um rico no Reino de Deus" (Mc 10.24,25).

Deus nunca considerou a pobreza uma maldição (Dt 15.11). Em Provérbios 22.2, está escrito: "O rico e o pobre se encontraram; a todos os fez o SENHOR". Em vez de nos mandar repreender a pobreza, como se fosse um demônio, o Senhor pergunta: "Porventura, não é este o jejum que escolhi... que repartas o teu pão com o faminto e recolhas em casa os pobres desterrados?" (Is 58.6,7).

O texto de Tiago 2.1-5 apresenta algumas lições quanto à convivência em comunhão entre ricos e pobres na Casa de Deus:

Não deve haver acepção de pessoas (vv. 1,4). Não podemos nos deixar influenciar por ideologias humanas, e sim pela Palavra de Deus, segundo a qual os ricos não devem menosprezar os pobres; nem estes, valendo-se do complexo de inferioridade, se indignar contra aqueles.

Não deve haver desprezo aos pobres (vv. 2,3). É uma tendência humana julgar as pessoas pela aparência (1 Sm 16.7). No entanto, não devemos tratar melhor alguém só porque exibe um anel de ouro ou usa vestes preciosas. Ninguém é superior perante o Senhor. Todos devem se humilhar diante dEle (Sl 138.6; Lc 18.9-14).

Os pobres devem ser honrados. "Ouvi, meus amados irmãos. Porventura, não escolheu Deus aos pobres deste mundo para serem ricos na fé e herdeiros do Reino que prometeu aos que o amam?" (v. 5). É claro que a salvação não é apenas para os pobres, porém esse versículo deixa claro que o Senhor prioriza a riqueza da fé, e não a prosperidade financeira.

Se os pobres são ricos na fé e devem ser honrados na Casa de Deus, não há fundamento na afirmação de que a pobreza é uma maldição, estando atrelada ao pecado ou a algum "encosto". Isso é uma invencionice, e muitos crentes, por falta de conhecimento, estão sendo enganados por homens que mercadejam a Palavra de Deus.

Telenganadores e telenganados

Em Ezequiel 13, está escrito: "... andam enganando o meu povo, dizendo: Paz, não havendo paz... os profetas de Israel que profetizam de Jerusalém e vêem para ela visão de paz, não havendo paz... Vós me profanastes entre o meu povo... mentindo, assim, ao meu povo que escuta a mentira" (vv. 10,16,19).

Sabe por que o evangelho da prosperidade faz tanto sucesso, atrai multidões e encontra pronta aceitação no coração das pessoas? Porque os seus propagadores, à semelhança dos falsos profetas de Israel, encontraram a mensagem que o povo quer ouvir!

Os telemissionários, tele-apóstolos, telebispos e telepastores do evangelho da prosperidade estão na mídia 24 horas por dia, e ainda fazem hora extra! Eles alcançam cada vez mais espaço em razão de os tele-ofertantes gostarem da telepregação deles!

Alguns desses teleprofetizadores criaram até uma nova chamada ministerial, para ser patrocinador ou mantenedor dos seus programas! E aqueles que não atendem a esse telechamamento "divino" são avisados: "Se Deus o chamou para manter esse programa, atenda-o rapidamente, para que você não corra nenhum perigo".

Quanto aos teletestemunhos, a ênfase recai nas denominações, e não em Jesus. Dizem os tele-agraciados: "Depois que eu conheci a igreja tal, a minha vida mudou". Tais relatos "comprovam" que pertencer a igrejas que pregam o evangelho da prosperidade significa ser próspero financeiramente. Carros na garagem, casas próprias, empresas... Ah, como é bom ser um crente dessa "nova onda"!

Mas, em Tiago 5.1-3, há uma mensagem de Deus para todos os telespectadores do programa "Show da Prosperidade": "Eia, pois, agora vós, ricos, chorai e pranteai por vossas misérias, que sobre vós hão de vir. As vossas riquezas estão apodrecidas, e as vossas vestes estão comidas da traça. O vosso ouro e a vossa prata se enferrujaram; e a sua ferrugem dará testemunho contra vós e comerá como fogo a vossa carne. Entesourastes para os últimos dias".

Oh, Deus, abra os olhos desse povo para que veja! E nos proteja do falso evangelho da prosperidade, para que não sejamos teleseduzidos por ele! Que nos firmemos na tua Palavra, para que jamais sejamos enganados por esses telenganadores!

Posso todas as coisas!

Os telepregadores da prosperidade gostam de citar isoladamente Filipenses 4.13 para enganar os incautos. Prometem até filhos com olhos verdes ou azuis para mulheres que têm dificuldade de conceber. E, se não receberem a bênção conforme a promessa, os casais jamais pensarão que foram enganados por falsos profetas, pois esses já terão se precavido, orientando-os de antemão quanto à falta de fé e a insuficiente contribuição financeira para receber certas dádivas...

Paulo, inspirado pelo Espírito Santo, deixou claro, no texto supramencionado, que o crente de verdade mantém a sua fé em qualquer circunstância. Basta observar o contexto da passagem para entender melhor a frase "Posso todas as coisas naquele que me fortalece", que nada tem que ver com a reivindicação de bênçãos em decorrência de contribuição financeira.

Que tal lermos os versículos 11 e 12? "Não digo isto por necessidade, porque já aprendi a contentar-me com o que tenho. Sei estar abatido e sei também ter abundância; em toda a maneira e em todas as coisas, estou instruído, tanto a ter fartura como a ter fome, tanto a ter abundância como a padecer necessidade".

À luz desse contexto imediato, o que Paulo quis dizer com "Posso todas as coisas"?

Primeiro: podemos, em Cristo, nos contentar com o que temos (1 Tm 6.8). Paulo não disse: "aprendi a conformar-me com o que tenho", e sim "aprendi a contentar-me com o que tenho". O nosso contentamento baseia-se na comunhão com Jesus, e não nos bens que possuímos. Nada é mais precioso que a salvação! Nossa alegria deve subsistir mesmo em meio às adversidades (Hc 3.17,18).

Segundo: podemos suportar, no Senhor, os momentos de abatimento ou humilhação. O crente que aprende isso nunca deixa de ser fiel nos períodos de angústia, mas permanece firme (Pv 24.10), alcançando vitórias em meio às tribulações e aflições (Jo 16.33; Rm 8.18).

Terceiro: podemos nos manter submissos ao Senhor e em paz com os irmãos, mesmo tendo abundância e fartura. Não pense que isso é fácil. Lembra-se de Abraão? A sua prosperidade quase lhe trouxe problemas de relacionamento com o seu sobrinho Ló (Gn 13.1-9). O servo do Senhor pode, em Cristo, ser vitorioso diante de tentações e perigos comuns a uma vida abastada.

Quarto: podemos enfrentar qualquer circunstância, inclusive a fome. Essa é a parte mais difícil do versículo em análise, pois ouvimos os pregadores da prosperidade dizendo o tempo todo que somos ricos, prósperos, etc. Ora, sabemos que, em regra geral, o crente não passa fome, nem padece necessidade: "Os filhos dos leões necessitam e sofrem fome, mas aqueles que buscam ao Senhor de nada têm falta" (Sl 34.10).

Entretanto, Deus pode permitir que passemos por privação e provação. E, se isso acontecer, devemos manter a nossa fé e continuar dando glória a Jesus. A Palavra do Senhor diz que nada — absolutamente nada — pode nos separar do amor de Cristo: nem a tribulação, nem a angústia, nem a perseguição, nem a fome, nem a nudez, nem o perigo, tampouco a espada (Rm 8.35-39).

Culto da prosperidade?

Trafegando pela ponte Rio-Niterói, a caminho do trabalho, no Rio de Janeiro, observei, em um veículo à minha frente, um adesivo enorme, colado no vidro traseiro, que exibia uma mensagem mais ou menos assim: "Igreja da Bênção, o lugar onde o milagre acontece". Fiquei refletindo sobre como os templos das igrejas estão se tornando, a cada dia, "distribuidores" de milagres e bênçãos materiais, e não lugares onde Deus é cultuado.

Há tantas distorções em nossos dias, que às vezes temos a impressão de que a nossa salvação consiste apenas em possuir bênçãos materiais.

Os pregadores da prosperidade enfatizam tanto que devemos conquistar bens e riquezas, que nos esquecemos até de cultuar a Deus, de louvá-lo, de bendizer-lhe por tudo quanto tem feito por nós, dando-nos a preciosa salvação em Cristo (Sl 103.1,2; 116.12,13).

Os cultos da prosperidade são voltados apenas para as necessidades humanas. São reuniões centradas no "receber de Deus", e não no "entregar a Deus" (cf. Rm 12.1,2). Sabe qual é a melhor definição para isso? Barganha. Esse tipo de culto não agrada ao Senhor. Cultuá-lo significa louvá-lo, adorá-lo; e Ele, em retribuição, fala com o seu povo, pela Palavra e pelos dons do Espírito Santo (1 Co 14.26), abençoando-o (2 Cr 7.14,15).

É claro que podemos contribuir e fazer prova do Senhor, orando com fé, para que as portas se abram (Ml 3.10). Mas isso é um propósito de cada crente. O que tem acontecido hoje, em muitas igrejas, é uma distorção da Palavra de Deus. O culto todo gira em torno da prosperidade material, e o povo é desafiado a contribuir com valores cada vez maiores, a fim de que recebam bênçãos.

Conscientizemo-nos, pois, de que o Senhor cuida de nós, quando lhe somos fiéis. Basta-nos lançar sobre Ele todas as nossas ansiedades (1 Pe 5.7). Não é preciso dar um alto valor de oferta, para receber uma bênção igualmente grande. Isso é uma estratégia dos que mercadejam a fé, a fim de enriquecerem às custas de incautos que também erram, ao priorizarem a prosperidade material.

Atos proféticos?

Há denominações que, devido à grande ênfase à contribuição financeira "voluntária" dos fiéis, constroem templos suntuosos em todas as capitais brasileiras. Seus obreiros, sem nenhum compromisso com o verdadeiro evangelho de Cristo, usam os mais diversos meios para convencer o povo a tirar o dinheiro do bolso ou abrir a carteira.

Quantos desavisados não têm permitido que esses enganadores "queimem" o seu dinheiro — conquistado com muito trabalho — em "fogueiras santas"! Muitas pessoas, para ofertar "voluntariamente", só precisam de uma promessa de que bênçãos materiais virão. No entanto, como outras precisam de algo palpável... surgiu o chamado ato profético!

Também conhecido como propósito, o ato profético é uma forma de se "materializar" as bênçãos. Para os que desejam receber imóveis ou carros, os profetas da prosperidade entregam chaves. Anéis são dados a quem deseja casar. Lenços com cheiro de frutas, para os angustiados passarem nos olhos, a fim de removerem toda tristeza. Papéis em branco, para serem assinados, simbolizando o fechamento de grandes contratos...

Os pregadores desse falso evangelho mercantilista falsificam a Palavra e ocultam verdades do povo. Atentemos para as Escrituras, que dizem: "... rejeitamos as coisas que por vergonha se ocultam, não andando com astúcia nem falsificando a palavra de Deus..." (2 Co 4.2).

Pobreza não é maldição

Deus chamou Abraão e lhe fez promessas (Gn 12.1-3). Disse que faria dele uma grande nação, o abençoaria e engrandeceria o seu nome, para que ele fosse uma bênção. As pessoas à sua volta seriam abençoadas ou amaldiçoadas, conforme o tratamento que lhe dessem. E todas as famílias da Terra seriam benditas nele. Tais promessas certamente incluíam a prosperidade material (Gn 13.2).

Em Romanos 4, Abraão é apresentado como um paradigma para todos os crentes. Esse homem de fé, entretanto, não prosperou apenas materialmente. Aliás, em nenhum momento de sua biografia, a sua riqueza é apresentada como uma prova de fidelidade ao Senhor. A Palavra de Deus enaltece a sua postura de esperança, convicção da chamada divina, humildade, obediência e comunhão com o Todo-Poderoso (vv. 18-21; Hb 11.8).

Não é pecado ter dinheiro e bens materiais, conquanto a Bíblia condene o amor às riquezas. Muitos personagens bíblicos foram ricos sem perder o temor a Deus. Para o Senhor, o importante é o lugar que o dinheiro ocupa em nosso coração: "... se as vossas riquezas aumentam, não ponhais nelas o coração" (Sl 62.10).

Os pregadores da prosperidade mandam os crentes repreenderem o demônio da miséria e determinarem a sua prosperidade. Não há fundamento para essa postura no Novo Testamento. Em Romanos 15.26, está escrito: "Porque pareceu bem à Macedônia e à Acaia fazerem uma coleta para os pobres dentre os santos que estão em

Jerusalém". Observe que o texto menciona uma coleta para ajudar pobres dentre os santos. Não seria mais fácil se Paulo tivesse repreendido o demônio da pobreza?

Na igreja primitiva, o sentimento de igualdade entre ricos e pobres perante o Senhor era tão forte, que "Vendiam suas propriedades e fazendas e repartiam com todos, segundo cada um tinha necessidade" (At 2.45). É isso que deveria acontecer em nossos dias, e não essa tentativa de exorcizar a pobreza.

É claro que Deus pode nos tornar prósperos financeiramente, na medida em que trabalharmos e formos fiéis nas contribuições para a sua obra (Ml 3.8-10). A despeito disso, a pobreza nunca será sinônimo de derrota, maldição diabólica ou falta de comunhão com Deus. Nenhuma pessoa normal esqueceria do Senhor por colocar o coração na pobreza! Quanto à riqueza, não se pode dizer o mesmo...

A raiz de todos os males

Em 1 Timóteo 6.8-10, encontramos as razões pelas quais alguém abandona o verdadeiro evangelho de Cristo para seguir a teologia da prosperidade:

Falta de contentamento. "Tendo, porém, sustento e com que nos cobrirmos, estejamos com isso contentes" (v. 8). A falta de contentamento gera ganância, avareza e consumismo. O ser humano é descontente por natureza, porém o Espírito Santo comunica ao crente gozo (Gl 5.22), regozijo (Fp 4.4), isto é, a alegria que vem do Senhor, a qual é a nossa força diante das adversidades (Ne 8.10).

Priorização das riquezas. "Mas os que querem ser ricos caem em tentação, e em laço, e em muitas concupiscências loucas e nocivas, que submergem os homens na perdição e ruína" (v. 9). Há crentes interesseiros, que não priorizam a comunhão com Deus. São egoístas; só pensam em seu bem-estar (2 Tm 3.2).

Amor ao dinheiro. "Porque o amor do dinheiro é a raiz de toda espécie de males; e nessa cobiça alguns se desviaram da fé e se traspassaram a si mesmos com muitas dores" (v. 10). Em Eclesiastes 5.10, também está escrito: "O que amar o dinheiro nunca se fartará de dinheiro; e quem amar a abundância nunca se fartará da renda; também isto é vaidade".

Quem não se contenta com o que possui, priorizando a busca de riquezas e o amor ao dinheiro, é capaz de fazer qualquer coisa para ganhar mais e mais dinheiro, até mesmo mercadejar a Palavra de Deus (2 Co 2.17, ARA). A avareza é uma espécie de idolatria (Ef 5.5), e nenhum idólatra entrará no Reino de Deus (1 Co 5.11; Ap 21.8).

Não ambicionemos, pois, as coisas altas (Rm 12.16). Sigamos o conselho da Palavra do Senhor: "Sejam os vossos costumes sem avareza, contentando-vos com o que tendes; porque ele disse: Não te deixarei, nem te desampararei" (Hb 13.5). E ainda: "Aquele que tem o olho mau corre atrás das riquezas, mas não sabe que há de vir sobre ele a pobreza" (Pv 28.22).

Façamos, pois, a sábia oração de Agur: "Duas coisas te pedi; não mas negues, antes que morra; afasta de mim a vaidade e a palavra mentirosa; não me dês nem a pobreza nem a riqueza; mantém-me do pão da minha porção acostumada; para que, porventura, de farto te não negue e diga: Quem é o SENHOR? Ou que, empobrecendo, venha a furtar e lance mão do nome de Deus" (Pv 30.7-9).

Ai dos que mercadejam a Palavra!

Li na seção *Flagrantes da Vida Real*, da revista *Seleções*, o seguinte depoimento:

> *Eu era membro de uma igreja. Depois de muita conversa, consegui convencer meu pai a freqüentá-la também... Comecei a notar as ausências de meu pai depois da substituição do pastor. Voltei a questioná-lo, e ele me disse:*
>
> *— Eu estava até gostando, mas o pastor novo passou a ungir apenas os ofertantes.*[1]

Muitos obreiros, das mais diversas denominações, têm se deixado levar pela sedução das riquezas. Alguns chegam a pedir que os crentes lhes enviem extratos do cartão de crédito — acompanhados de uma oferta —, para serem queimados (só os extratos, é claro!), o que representará o fim da dívida! Outros têm feito "orações fortes" determinando que apareça dinheiro na conta bancária dos ofertantes fiéis! Ora, por que ele não aplica a si mesmo essa fórmula milagrosa?

O amor ao dinheiro é a raiz de todos os males (1 Tm 6.10, ARA). O dinheiro, em si, é necessário para a nossa manutenção. Contudo, existe o perigo de o chamado "vil metal" ocupar o primeiro lugar em nosso viver. E isso tem acontecido na vida de alguns líderes e pregadores, que, pelo dinheiro, são capazes até de negar "... o Senhor que os resgatou, trazendo sobre si mesmos repentina perdição" (2 Pe 2.1).

De acordo com a Palavra de Deus, os falsos mestres, cuja motivação é o dinheiro, são capazes de fazer, por avareza, "... negócio com palavras fingidas; sobre os quais já de largo tempo não será tardia a sentença, e a sua perdição não dormita" (2 Pe 2.3). E não é isso que vemos em nossos dias? Os falsos mestres estão por aí vendendo as suas "indulgências", pregando um evangelho falso, centrado no "ter".

Meu Deus, como o teu povo tem sido enganado por falta de conhecimento! Os comerciantes e falsificadores da Palavra do Senhor são muitos e têm um grande público (2 Co 2.17). Muitos hoje não querem ouvir a verdade e amontoam doutores segundo as suas próprias cobiças (2 Tm 4.3,4). Daí haver cada vez mais espaço para os vendedores de "estolas sacerdotais", "pedras de Jacó", "águas do rio Jordão", "azeites de Israel", etc.

Os pregadores da prosperidade podiam estar na mídia falando a verdade. Mas eles não querem fazer a vontade de Deus (Mt 7.21-23). Escolheram o caminho do erro e falam o que as pessoas querem ouvir, e não o que Deus deseja lhes comunicar. Enganadores e enganados caminham de mãos dadas e a passos largos para a perdição!

Pensai nas coisas de cima!

Um famoso teólogo da prosperidade escreveu um livro denominado *O Nome de Jesus*. Na obra, encontramos capítulos longos que explicam como o crente pode determinar a sua bênção, tirando proveito da autoridade que há no nome de Jesus. Há um capítulo intitulado "A Salvação". Sabe quantas páginas foram dedicadas ao principal assunto da Bíblia e à maior bênção que o ser humano pode receber?

Alguém poderá pensar: "Bem, um livro com o título *O Nome de Jesus* deve ter várias páginas sobre o assunto". Para surpresa de quem pensou como eu, tal obra possui apenas duas páginas — uma página e meia, para ser mais preciso — sobre a salvação em Cristo! Isso mostra o quanto os teólogos da prosperidade torcem as verdades sagradas.

Todo ser humano, em regra geral, tem o desejo de ser feliz ainda nessa vida. É claro que os homens-bomba são exceções — para eles, a felicidade só virá depois da morte, quando adentrarem num "paraíso" repleto de belas mulheres. No entanto, deixando de lado as exceções, quem não gostaria de, nesta vida, alcançar prosperidade material, ser feliz ao lado da pessoa amada e ter saúde "para dar e vender"?

É pecado ser rico? Não. Mas é perigoso. Isso porque a sensação — e apenas a sensação — de que a riqueza coloca alguém numa posição superior em relação às pessoas pobres torna o crente um alvo fácil do Inimigo (1 Tm 6.9). Há uma grande probabilidade de os ricos se ensoberbecerem e se tornarem avarentos, desprezando os pobres e perdendo, com isso, a comunhão com Deus (Tg 2.9).

Podemos ser felizes, de fato, nesta vida, desde que não priorizemos as riquezas. Embora não seja pecado possuir bens materiais, é uma distorção descabida fazer da prosperidade financeira a nossa principal necessidade. Em 1 Coríntios 15.19, está escrito: "Se esperarmos em Cristo só nesta vida, somos os mais miseráveis de todos os homens".

Jesus deixou claro, em Mateus 6.19-21, que não devemos priorizar as riquezas deste mundo: "Não ajunteis tesouros na terra, onde a traça e a ferrugem tudo consomem, e onde os ladrões minam e roubam. Mas ajuntai tesouros no céu... Porque onde estiver o vosso tesouro, aí estará o vosso coração". Priorizemos, pois, as "coisas que são de cima" (Cl 3.1,2).

No primeiro capítulo, tratamos do perigoso evangelho empirista e prodigioso. No segundo, discorremos sobre um evangelho que gira em torno do recebimento de bênçãos, como se Deus fosse o "Papai Noel". Neste, abordamos um evangelho centrado no dinheiro, que incentiva o crente a barganhar com o Senhor...

Qual será o próximo?

[1] Revista *Seleções*, junho/2006, p. 108.

Capítulo

4

Todos Querem Chegar ao Topo

O evangelho ecumênico

Mas, seguindo a verdade em amor, cresçamos em tudo naquele que é a cabeça, Cristo.

Efésios 4.15, ARA

No dia 10 de maio de 1996, o experiente alpinista norte-americano Jon Krakauer alcançou o topo do mundo, a 8.848 metros de altitude, depois de ficar 57 horas sem dormir. Ele foi enviado, em março daquele ano, ao Nepal pela revista *Outside* na qualidade de um dos oito clientes da expedição chefiada por Rob Hall, um conhecido guia da Nova Zelândia.

Krakauer conta que iniciou a descida menos de cinco minutos depois de conquistar o Everest, zonzo pela falta de oxigênio. Ele trouxe consigo um prêmio: quatro fotos de amigos fazendo pose no topo. Alguns dos seus companheiros de equipe — inclusive Rob Hall — pereceram numa tempestade terrível que chegou enquanto ainda estavam no pico.

Depois do trágico desfecho da expedição ao Everest, muitas pessoas perguntaram: "Por que experientes alpinistas continuaram a escalada, se o tempo começara a piorar? Eles não prestaram atenção aos sinais? Por que veteranos guias do Himalaia continuaram subindo e conduzindo um bando de amadores relativamente inexperientes — que pagaram até 65 mil dólares para chegar em segurança ao topo — rumo a uma armadilha mortal?"[1]

Ao refletir sobre essa famosa tragédia, lembrei-me de um pensamento dos defensores do movimento ecumênico, pelo qual se afirma que as religiões estão escalando uma montanha por diferentes lados, e todas chegarão ao topo. Segundo eles, cada indivíduo é livre para crer no que quiser, desde que tenha como meta a paz mundial.

O que é o evangelho ecumênico?

A palavra "ecumênico" deriva do grego *oikoumenikós*, que significa "aberto para o mundo inteiro". O evangelho ecumênico tem como objetivo fazer com que os crentes em Jesus deixem de pregar o evangelho completo às pessoas do mundo, para que elas os vejam de maneira simpática, sem preconceitos ou perseguições. Para isso, o crente em Jesus deve abrir mão da pregação contra o pecado, priorizando a imparcialidade em detrimento da verdade.

Em determinados países, não se pode mais dizer que Jesus é a única porta para a salvação. Apesar de Ele mesmo ter dito: "Eu sou a porta" (Jo 10.9), e os apóstolos terem corroborado a sua declaração (1 Tm 2.5; At 4.12), os adeptos do ecumenismo argumentam que cada pessoa tem o seu ponto de vista, e o importante é acreditar em Deus e amar o próximo. Se alguém faz isso, já é uma pessoa do bem e não precisa se submeter aos mandamentos contidos nas Escrituras.

Aparentemente, o evangelho ecumênico está coberto de coerência, haja vista firmar-se no pressuposto de que cada pessoa possui a sua crença, e que devemos respeitá-la. Parte-se do princípio "democrático" de que cada um tem o direito de acreditar no que quiser sem ser incomodado, desde que guarde consigo a sua verdade e não emita nenhuma opinião sobre as verdades alheias. Isso já vigora em boa parte da Europa e dos Estados Unidos — o que chamam de liberdade ou exercício pleno da democracia.

Segundo esse "outro evangelho", que a cada dia seduz mais pessoas nas igrejas evangélicas, não há mais espaço para os antigos "protestantes". Ninguém deve ser intolerante. Se alguém pensa crer "na verdade", a cortesia, o bom-senso, a coerência e a ética mandam que ele mantenha consigo os seus pensamentos.

Erwin W. Lutzer, pastor da Igreja Memorial Moody, em Chicago, declarou:

> *Em nossos dias, temos nos inclinado ao oposto extremo. O amor substituiu a verdade e, no que tange à unidade, é mais importante que*

qualquer doutrina — inclusive o evangelho. Melhor tolerar a heresia — prossegue o argumento — do que parecer desamoroso para o mundo.

Quando o mundo dá um passo em nossa direção, nós o abraçamos sem remorso. Porém, a igreja que fez as pazes com o mundo é incapaz de mudá-lo.

Lembre-se deste axioma: Quanto mais o mundo entende o propósito da vinda de Jesus, mais o odeia. O que o mundo valoriza, Cristo menospreza; o que Ele ama, o mundo odeia.[2]

Charles Colson, em sua obra *E Agora, como Viveremos?*, enfatiza que, nesse tempo pós-moderno, não existe objetivo nem verdade universal. Há somente a perspectiva do grupo, não importando qual seja: afro-americanos, mulheres, homossexuais, hispânicos, etc. "No pós-modernismo, todos os pontos de vista, todos os estilos de vida, todas as crenças e todos os comportamentos são considerados igualmente válidos".[3]

Unidos por amor, paz, heresias...

Em 1991, o então presidente dos Estados Unidos George Bush — logo após a queda do Muro de Berlim e do esfacelamento da URSS — empregou a expressão "Nova Ordem Mundial" para se referir à união das nações para alcançar as universais aspirações humanas de paz, segurança e liberdade. Tal expressão é também um nome diferente da Nova Era (a velha Era de Aquário), um período em que, segundo os esotéricos, todas as pessoas sairão pelas ruas distribuindo flores umas às outras.

No Brasil, por conta dessa campanha ecumênica, seitas orientais como Seicho-No-Ie são vistas com simpatia inclusive por evangélicos, que até compram os seus produtos. Em julho de 2006, na praça dos Três Poderes, em Brasília, essa seita realizou um encontro com adeptos de todo o país, para a leitura da Sutra Sagrada "Chuva de Néctar da Verdade". Milhares de pessoas levantaram a bandeira do bem, da harmonia e da paz...

Abraçando o ecumenismo, conscientemente ou não, líderes evangélicos abrem mão de princípios doutrinários inegociáveis, em prol de uma convivência pacífica com todas as denominações evangélicas e, em alguns casos, com as religiões e seitas. Afirmam que é preciso respeitar e valorizar o pluralismo.

Nunca houve uma mobilização tão grande em prol da chamada paz universal. Esse tem sido o objetivo da Igreja Católica Romana, da Nova Era, bem como das religiões e seitas orientais. Tal movimento também envolve algumas denominações "evangélicas" e "pastores", que têm adotado uma justificativa aparentemente plausível: "O mais importante é o amor que nos une do que a doutrina que nos divide". Oh, que comovente! Como isso soa agradável aos nossos ouvidos, não é mesmo?

Mas a união dos governos e das religiões em busca da "paz" é uma preparação para que o Falso Profeta — a segunda Besta —, por ocasião da Grande Tribulação, leve o mundo todo a prestar culto ao Anticristo, a primeira Besta (Ap 13). E o estabelecimento de uma falsa religião de abrangência mundial, que se oporá ao único Deus verdadeiro e à Palavra da verdade, ocorrerá ainda em nossos dias.

Já temos o novo papa!

Um dia desses um irmão comentou comigo que ouviu, no seu trabalho, um católico perguntando a um colega:

— Você já fala em línguas estranhas?

— Não. Ainda estou estudando. — O outro respondeu!

Algumas igrejas romanistas vêm empregando a estratégia de ministrar cursos de "línguas estranhas" aos fiéis. Seria isso possível? Negativo. De acordo com a Palavra de Deus, o batismo com o Espírito Santo vem do alto (Lc 24.49); é um dom de Deus para os salvos em Cristo (At 2.38)

Os defensores do evangelho ecumênico afirmam que a promessa do derramamento do Espírito é para todas as pessoas, segundo interpretam Joel 2.28. É claro que Deus deseja que todos os homens se salvem (1 Tm 2.4). Mas o apóstolo Pedro esclareceu que a profecia de Joel diz respeito a todos os que forem alcançados pela graça: "... a promessa vos diz respeito a vós, a vossos filhos e a todos os que estão longe; a tantos quantos Deus, nosso Senhor, chamar" (At 2.39).

Um influente pastor, ao saber que Bento XVI assumira o posto de papa da Igreja Católica Romana — sucedendo a João Paulo II, em 2005 —, fez um comentário bastante ecumênico diante de seus liderados: "Irmãos, já temos o novo papa! Isso é motivo de alegria, pois os católicos, nossos irmãos, também recebem o Espírito Santo".

Nada temos contra as pessoas que seguem ao catolicismo romano. Entretanto, a Palavra de Deus é clara: "E nós somos testemunhas acerca destas palavras, nós e também o Espírito Santo, que Deus deu àqueles que lhe obedecem" (At 5.32). Ora, quem ainda tem Maria por mediadora e Pedro por fundamento da Igreja obedece ao Senhor? Não! Por isso, Jesus afirmou que o mundo não pode receber, ver e conhecer o Espírito da verdade, que está em nós (Jo 14.17).

O Senhor me aceita como eu sou?

Há pessoas boas e honestas em todas as religiões. No entanto, o caminho para o céu é um só, aceitemos ou não essa verdade. É claro que devemos respeitar a escolha de cada um; só não podemos ignorar o que a Palavra do Senhor ensina. Ela deixa claro que priorizar sentimentos em detrimento da verdade é um grande erro: "Enganoso é o coração, mais do que todas as coisas, e perverso; quem o conhecerá?" (Jr 17.9). Seria o amor uma justificativa para se abrir mão da verdade?

Já existem denominações ditas evangélicas que não apresentam nenhuma restrição às pessoas que vivem no pecado, desde que isso aconteça em prol do "amor cristão". Em outras palavras, quem vive em práticas que as Escrituras condenam não precisa abandonar suas errôneas escolhas, pois "já agrada a Deus".

Recentemente, em uma "parada gay" — título dado à passeata anual pró-homossexualismo, realizada em várias cidades do mundo —, no Rio de Janeiro, um grupo "evangélico" exibiu camisetas com a seguinte mensagem: "O Senhor é o meu Pastor e me aceita como eu sou". Em *sites* de relacionamentos da Internet, também encontramos comunidades "evangélicas" de homossexuais que se dizem pastores!

Os homossexuais "evangélicos" pensam que não podem negar os seus próprios sentimentos. E afirmam: "Os sentimentos fazem parte do que eu sou; tenho de fazer o que me faz sentir melhor". Isso quer dizer que, se nos sentimos bem, então estamos no caminho certo? Ora, os homens-bomba se sentem muito bem quando tiram a própria vida e de pessoas inocentes!

Sem dúvidas, Paulo contestaria esse evangelho ecumênico, posto que jamais faria vista grossa aos comportamentos antibíblicos. Quanto à unidade em amor, ele ensinou: "... que não mais sejamos como meninos, agitados de um lado para outro e levados ao redor por todo vento de doutrina, pela artimanha dos homens, pela astúcia com que induzem ao erro. Mas, seguindo a verdade em amor, cresçamos em tudo naquele que é a cabeça, Cristo" (Ef 4.14,15, ARA).

Portanto, deve prevalecer entre os crentes a unidade em amor, em torno da verdade (Jo 13.35), e não a unidade com aqueles que ensinam falsos evangelhos ou apóiam comportamentos anticristãos. Não é fácil comunicar o evangelho de Cristo a uma geração que ouve com os olhos e pensa com o sentimento! Mas o verdadeiro amor não abre mão da verdade. O amor de Deus não anula a sua santidade.

Amor sem verdade?

Um grande erro cometido por alguns pregadores é se transformarem em "metralhadoras giratórias", condenando a tudo e a todos. Isso porque, ao agirem assim — não me refiro aos protestos pertinentes e necessários —, também serão julgados com severidade (Mt 7.1-5). Mas alguns mensageiros desse tempo têm cometido outro erro oposto, o de acreditar que amar implica "pôr panos quentes", acobertar, ou fazer vista grossa ao pecado.

Amor não é sinônimo de tolerância. Quem ama o Senhor deve se submeter aos seus mandamentos, pois amá-lo implica fidelidade à Palavra: "Se alguém me ama, guardará a minha palavra, e meu Pai o amará, e viremos para ele e faremos nele morada" (Jo 14.23). O apóstolo Tiago, depois de mostrar que o amigo do mundo é inimigo de Deus (4.4), afirmou: "Sujeitai-vos, pois a Deus..." (4.7), pois quem o ama se sujeita à sua vontade.

Em 1 Coríntios 16.22, Paulo declarou: "Se alguém não ama o Senhor Jesus Cristo, seja anátema; maranata". Ora, se as religiões devem se unir em amor, sem levar em conta a verdade da Palavra de Deus, por que o apóstolo foi tão categórico ao dizer que está sob ou é anátema — amaldiçoado, condenado — quem não ama Jesus?

É claro que Paulo não sugeriu uma "guerra santa" entre os evangélicos e as religiões. Porém, jamais concordaria que a solução para o mundo é a união de todos em torno de suas próprias verdades, criadas mediante consensos, e não recebidas do alto (1 Co 11.23). É do Senhor que vem a verdade, através das Escrituras, pois somente elas são divinamente inspiradas e proveitosas para ensinar, redargüir, corrigir e instruir em justiça (2 Tm 3.16).

O amor sem a verdade é fraco e sem influência. Já a verdade sem o amor é rígida demais, sem misericórdia. O amoroso Deus é santo e justo, e aqueles que permanecerem no pecado, por mais convincentes que sejam as suas argumentações, serão lançados no inferno, e a sua parte "... será no lago que arde com fogo e enxofre, o que é a segunda morte" (Ap 21.8).

Se o amor anula a verdade, e devemos, em decorrência disso, tolerar o erro, em prol da unidade, como devemos entender as seguintes palavras de Jesus? "Não deis aos cães as coisas santas, nem deiteis aos porcos as vossas pérolas; para que não as pisem e, voltando-se, vos despedacem" (Mt 7.6).

Se Davi e Jônatas soubessem...

Vivemos em uma época em que muitos querem interpretar a Palavra de Deus convenientemente, segundo as suas próprias concupiscências (2 Tm 4.3). Erwin W. Lutzer, em seu livro *Quem É Você para Julgar?*, cita o caso de um líder cristão que, ao processar uma igreja, justificou-se dizendo que contratara um advogado também cristão, o qual tinha "achado um modo de contornar o ensinamento da Bíblia".[4]

Alguns ensinadores da atualidade, para não desapontar a grande comunidade de "gays evangélicos", valem-se de subterfúgios do tipo: "Davi e Jônatas é um grande exemplo de amor homossexual". Tais mestres preferem fazer parte da lista dos falsificadores da Palavra de Deus (2 Co 2.17) a entrar em conflito ideológico com aqueles que não querem aceitar a verdade.

Não podemos confundir o amor fraternal entre dois homens de Deus (Hb 13.1) com a paixão homossexual — carnal, antinatural e reprovada pelas Escrituras (Rm 1.26-28). O que havia entre Davi e Jônatas era uma profunda amizade, que os levou a fazer um pacto em nome do Senhor (1 Sm 20). E essa comunhão, uma verdadeira união de almas, respeitava princípios divinos e valores morais.

O evangelho de Cristo é transformação para todo aquele que crê (Rm 1.16,17). De acordo com a Palavra de Deus, o homossexualismo é um pecado que deve ser abandonado: "Não erreis: nem os devassos, nem os idólatras, nem os adúlteros, nem os efeminados, nem os sodomitas, nem os ladrões, nem os avarentos, nem os bêbados, nem os maldizentes, nem os roubadores herdarão o Reino de Deus" (1 Co 6.10). Observe que, nessa relação, aparecem os "sodomitas" e os "efeminados", o que denota as atitudes ativa e passiva, numa relação homossexual.

Mas os defensores do "evangelho gay" vão mais além e argumentam que a palavra grega *malakós*, na passagem acima, não devia ser traduzida por "efeminado", pois o seu significado literal é "mole, macio, suave". Nesse caso, o Senhor condenaria ao inferno pessoas dóceis ou delicadas? Estariam erradas todas as versões da Bíblia que empregam o vocábulo "efeminado"? Seriam todos os tradutores preconceituosos?

Jesus foi categórico ao dizer que, no princípio, Deus criou apenas homem e mulher (Mt 19.4-6). Não existe homossexual de nascimento! Se houvesse a possibilidade de pessoas nascerem em tal estado, Deus jamais condenaria o homossexualismo. E, desde os tempos do Antigo Testamento, esse comportamento foi reprovado pelo Senhor: "Quando também um homem se deitar com outro homem como com mulher, ambos fizeram abominação; certamente morrerão; o seu sangue é sobre eles" (Lv 20.13).

Há vários fatores que podem gerar esse comportamento: maus tratos na infância, agressões verbais, pedofilia, adultério dos pais, influências de colegas, tentação, desequilíbrios hormonais, literatura erótica ou pornográfica, influência da mídia, etc. E, embora seja difícil uma transformação, é possível sim que um homossexual deixe essa vida, para assumir a sua vocação, seja masculina, seja feminina.

É claro que, quanto mais tempo alguém ficar envolvido com um pecado, tanto mais complicada será a sua mudança, levando-o ao conformismo. Mas a Palavra de Deus diz: "Se alguém está em Cristo, nova criatura é; as coisas velhas já passaram; eis que tudo se fez novo" (2 Co 5.17). Ninguém consegue apagar o fogo jogando sobre ele gasolina. Quem quer abandonar a homossexualidade deve assumir uma postura contrária a esse pecado (Pv 28.13).

Devemos ficar calados?

Infelizmente, muitos crentes, influenciados pelo evangelho ecumênico, não se sentem mais obrigados a partilhar a sua fé com os outros — exceto em grandes "marchas", em que todos juntos decretam que a nação toda pertence ao Senhor! Acreditam que as suas crenças são boas, mas não vêem urgência em que as pessoas do mundo ouçam o verdadeiro evangelho de Cristo!

Para os pregadores desse falso evangelho é preferível tolerar as heresias a parecer desamoroso para o mundo. Não obstante, se a Palavra de Deus ordena que não amemos o mundo (1 Jo 2.15-17), nem nos conformemos com ele (Rm 12.1,2), tampouco sejamos seus amigos (Tg 4.4), deve o servo do Senhor permanecer calado?

De acordo com as Escrituras, não estamos no mundo para agradar o mundo. Pelo contrário, devemos apresentar à humanidade a verdade sobre Jesus (At 4.20). E sabemos que, ao fazer isso, seremos odiados por amor a Cristo: "bem-aventurados sois vós quando vos injuriarem, e perseguirem, e, mentindo, disserem todo o mal contra vós, por minha causa. Exultai e alegrai-vos, porque é grande o vosso galardão nos céus; porque assim perseguiram os profetas que foram antes de vós" (Mt 5.11,12).

Pregar o evangelho de Cristo é, antes de tudo, apresentar a verdade. No entanto, ao mesmo tempo, cabe a nós o combate à mentira, o que não implica sermos inimigos das pessoas. Não devemos confundir o mundo que Deus amou — a humanidade (Jo 3.16) — com o mundo que jaz no Maligno (1 Jo 5.19). Nossa luta não é contra a carne e o sangue, e sim contra as forças espirituais, comandadas pelo deus deste século, o Diabo (Ef 6.12; 2 Co 4.4).

Jesus foi categórico ao mostrar o quanto é importante pregar a sua Palavra diante dos homens: "... qualquer que me confessar diante dos homens, eu o confessarei diante de meu Pai, que está nos céus. Mas qualquer que me negar diante dos homens, eu o negarei também diante dos de meu Pai, que está nos céus" (Mt 10.32,33).

E o apóstolo Paulo nos orientou a protestar contra o pecado: "Porque há muitos desordenados, faladores, vãos e enganadores... aos quais convém tapar a boca; homens que transtornam casas inteiras, ensinando o que não convém, por torpe ganância" (Tt 1.10,11). Note: aqueles que, em nosso meio, ensinam o que não convém nunca devem ser tolerados, mas sim combatidos; convém tapar-lhes a boca, isto é, refutar as suas falaciosas doutrinas.

Mensagem ou massagem?

Não é de hoje que o povo se reúne em torno de "profetas" que dizem palavras agradáveis aos ouvidos (Jr 14.13,15). Mas, nesse tempo pós-moderno, os pregadores que protestam contra o pecado não são bem-vindos porque — para os defensores do falso evangelho ecumênico — as pessoas querem ouvir uma mensagem de auto-ajuda, motivadora. Falar contra o pecado, segundo alguns pregadores da "nova onda", só piora a situação das pessoas. Alguns pastores distribuem até questionários aos membros para saber que tipo de mensagem eles desejam ouvir! Não foi por acaso que Paulo alertou a Timóteo quanto aos crentes que se desviariam da verdade, voltando-se às fábulas (2 Tm 4.4). Não é isso que tem acontecido em nossos dias? Muitos crentes preferem ouvir elogios e testemunhos exóticos, a dar ouvidos à exposição da Palavra de Deus!

Interessante como, a cada dia, as pregações vêm se tornando politicamente corretas. Muitos crentes querem ouvir o que lhes agrada; não querem que seus pecados sejam expostos. Por isso, só dão ouvidos aos pregadores com quem seus desejos concordem! Estabelecem o seu próprio padrão de certo e errado, e depois encontram falsos mestres para validá-lo.

Os falsificadores da Palavra de Deus estão entre nós (At 20.27-30; 2 Pe 2.1,2), porém não negam abertamente as doutrinas da Bíblia, haja vista tal postura diminuir a sua audiência. Eles introduzem heresias de perdição de modo sorrateiro, ao isolarem textos das Escrituras, como: "Tudo posso naquele que me fortalece" (Fp 4.13, ARA), como já vimos, omitindo o contexto da passagem, que enfatiza a possibilidade de sofrermos por amor a Cristo (vv. 11,12). A missão deles é criar facilidades para o povo.

É por isso mesmo que Paulo jamais pregaria esse falso evangelho ecumênico! Como imitador daquele que disse "aprendei de mim" (Mt 11.29; 1 Co 11.1), o apóstolo nunca falaria o que o povo deseja ouvir, e sim o que Deus quer dizer, mesmo não agradando aos ouvintes (cf. Ez 3.11). Mas muitos, hoje — com comichão nos ouvidos — desejam ouvir vozes estranhas, lisonjeiras, que massageiam o ego (2 Tm 4.3,4), não é mesmo? Quem não gosta de um bom elogio?

Rejeite a "massagem" dos lobos! Eles falam, na verdade, "... coisas perversas, para atraírem os discípulos após si" (At 20.30). Ouça a "mensagem" do Bom Pastor, que disse: "As minhas ovelhas ouvem a minha voz, e eu conheço-as, e elas me seguem" (Jo 10.27).

Quanto à postura politicamente correta — e biblicamente condenável — desses falsos mestres, disse Paulo: "... rejeitamos as coisas que, por vergonha, se ocultam, não andando com astúcia nem falsificando a palavra de Deus; e assim nos recomendamos à consciência de todo homem, na presença de Deus, pela manifestação da verdade" (2 Co 4.2).

A doutrina divide?

É claro que a doutrina divide! Esse, aliás, é o seu propósito. A Igreja é um povo chamado do mundo, para estar separado dele quanto à doutrina, aos usos e aos costumes (2 Co 6.14-18). Ao mesmo tempo, a doutrina une! O povo de Deus deve estar unido em Cristo, em torno de uma fé comum, firmada nas Santas Escrituras.

Paulo e principalmente Jesus, o nosso Senhor, disseram que a nossa salvação está relacionada com o conhecimento da verdade (1 Tm 2.4; Jo 8.32). Note o que o Mestre disse: "e conhecereis a verdade, e a verdade vos libertará". Ele não falou de "uma verdade", pois a verdade não é algo que cada um pode sustentar como se fosse de sua propriedade. Não! Conquanto muitos estejam criando o seu próprio sistema de crenças, é a Palavra de Deus que permanece para sempre (1 Pe 1.24,25).

Os seguidores do ecumenismo dizem que a doutrina divide, devendo ser minimizada para o bem maior de alcançar o mundo. Ou seja, a imparcialidade é mais importante do que a prevalência da verdade. Há a "minha verdade" e a "sua verdade". E muitos afirmam: "Cada um na sua". No entanto, não foi isso que Jesus falou em João 17.17, em sua profunda intercessão sumo-sacerdotal: "Santifica-os na verdade; a tua palavra é a verdade".

Diante do exposto, o que é melhor, estar dividido pela verdade da Palavra de Deus, ou unido pelo erro? Os muçulmanos se unem para "riscar" Israel do mapa. Os traficantes se ajuntam contra a polícia. E os políticos corruptos se reúnem para fazer falcatruas. Estão eles certos por estarem unidos?

Aperte o cinto!

Em Efésios 6.14, Paulo mencionou o cinto da verdade. Nos tempos bíblicos, os soldados usavam esse acessório para manter as armas presas junto ao corpo. O Diabo — o pai da mentira (Jo 8.44) — quer que "afrouxemos o cinto", tornando relativas todas as coisas, pois sabe que, assim, perderemos a nossa arma de ataque, a "espada do Espírito" (Ef 6.17).

Quando viajamos de avião, somos avisados: "Mantenha o cinto de segurança afivelado enquanto o aviso luminoso estiver ligado". Da mesma forma, a Palavra de Deus, que é luz para o nosso caminho (Sl 119.105), nos avisa quanto às turbulências e aos ventos de doutrinas, a fim de que não nos movamos facilmente de nosso entendimento (2 Ts 2.1), permanecendo com o cinto da verdade.

Não nos enganemos nesses últimos dias. No período do modernismo, qualquer manifestação religiosa era atacada, sendo tachada de superstição. Hoje, na pós-modernidade, todas as religiões são aceitas, e todos os tipos de superstição são considerados. Em outras palavras, é como se não houvesse padrões independentes de certo ou errado, nem de verdade e erro.

No entanto, a verdade deve prevalecer, e não a tolerância ou a imparcialidade. As religiões e seitas estão escalando a "montanha" por diferentes lados, e todas querem chegar ao "topo". Mas os que não seguem pelo único caminho estreito estabelecido por Deus jamais chegarão à presença do Senhor!

Há caminhos que parecem direitos, porém o único caminho verdadeiro é Jesus (Pv 14.12; Jo 14.6). Para se chegar ao "cume" — isto é, para se alcançar a vida eterna — só é possível por Jesus Cristo. Ele é a porta e o caminho! Por isso, Paulo, que jamais pregaria o evangelho ecumênico, afirmou que "... há um só Deus e um só mediador entre Deus e os homens, Jesus Cristo, homem" (1 Tm 2.5).

E não basta chegar ao "topo do monte". É preciso habitar nele. Como? O salmista Davi deixou-nos importantes instruções quanto a isso, no Salmo 15: "SENHOR, quem habitará no teu tabernáculo? Quem morará no teu santo monte? Aquele que anda em sinceridade, e pratica a justiça, e fala verazmente segundo o seu coração... quem faz isto nunca será abalado".

Chegamos ao fim de mais um capítulo!

Bem, você já sabe o que fazer para conhecer mais um evangelho que Paulo jamais pregaria, não é mesmo? Mas, como nunca é demais lembrar...

Que tal ir para a próxima página?

[1] KRAKAUER, Jon, *No Ar Rarefeito, um Relato da Tragédia no Everest em 1996*, Companhia das Letras.

[2] LUTZER, Erwin, *Quem É Você para Julgar?*, CPAD, pp. 10,14,15.

[3] COLSON, Charles, PEARCEY, Nancy, *E Agora, como Viveremos?*, CPAD, p. 42.

[4] LUTZER, Erwin, *Quem É Você para Julgar?*, CPAD, p. 43.

Capítulo

5

Calvinista ou Arminianista?

O evangelho teologicocêntrico

Toda a Escritura é inspirada por Deus e útil para o ensino, para a repreensão, para a correção, para a educação na justiça, a fim de que o homem de Deus seja perfeito e perfeitamente habilitado para toda boa obra.

2 Timóteo 3.16,17, ARA

Outro evangelho que Paulo jamais pregaria é o teologicocêntrico. Observe que eu não disse teocêntrico, e sim teologicocêntrico — isto é, centrado no que os teólogos afirmam, e não no que a Palavra de Deus diz. Ora, há algum problema em fazer da teologia o centro de nossas crenças sobre Deus? O que há de errado nisso?

É claro que Paulo não seria contra a verdadeira teologia, baseada inteiramente nas Escrituras (1 Co 15.1-4). Contudo, seria contrário ao teologicocentrismo. Por quê? Primeiro, porque esse falso evangelho valoriza mais o pensamento teológico do que as verdades da Bíblia, não levando em consideração que os teólogos podem errar, enquanto a Palavra de Deus é infalível e inerrante (Jr 1.12; Mc 13.31).

Embora os adeptos do teologicocentrismo façam da teologia a sua fonte máxima de autoridade, somente a Palavra de Deus é inerrante, infalível e incontestável. Todas as outras fontes servem apenas como ferramentas acessórias para interpretação das Escrituras. Quando fazemos de alguma delas o centro, abraçamos com certeza outro evangelho.

O que é o evangelho teologicocêntrico?

Os defensores desse evangelho não aceitam que haja uma fonte máxima de autoridade — a Palavra de Deus —, considerando a teologia a sua principal fornecedora de argumentos lógicos e confiáveis. É claro que não desprezamos a grande contribuição dos teólogos, ao longo da história, porém qualquer teologia que rejeite a inspiração plenária da Palavra de Deus deve ser rechaçada (2 Pe 1.20,21).

Infelizmente, hoje, teólogo é aquele estudioso que tem as suas próprias opiniões, baseadas em sua sabedoria e em seus conhecimentos. Mas o doutor dos gentios foi um tipo de teólogo em extinção. A sua pregação não consistia em palavras persuasivas de sabedoria humana. Ele expunha a Palavra de Deus no poder do Espírito, para que a fé dos salvos em Cristo não se apoiasse em sabedoria humana, mas no poder de Deus (1 Co 2.4-10).

Muitos estudiosos sinceros, ao abrir mão da Bíblia — por influência dos teologicocentristas —, firmam-se em correntes teológicas tendenciosas, esquecendo-se de que a Palavra de Deus está acima de tudo e todos (Sl 138.2; Gl 1.8). Em Mateus 24.35, Jesus afirmou que somente a Palavra permanece para sempre: "O céu e a terra passarão, mas as minhas palavras não hão de passar".

Jamais devemos nos apoiar na sabedoria dos homens, por mais capazes e eruditos que sejam, pois "Onde está o sábio? Onde está o escriba? Onde está o inquiridor deste século? Porventura, não tornou Deus louca a sabedoria desde mundo? Visto como, na sabedoria de Deus, o mundo não conheceu a Deus pela sua sabedoria, aprouve a Deus salvar os crentes pela loucura da pregação" (1 Co 1.20,21).

Paulo não pregaria o evangelho teologicocêntrico em razão de este não respeitar a superioridade da Palavra de Deus, questionando a sua inspiração. O apóstolo foi claro ao defender a inspiração plenária das Escrituras: "Toda Escritura é inspirada por Deus e útil para o ensino, para a repreensão, para a correção, para a educação na justiça, a fim de que o homem de Deus seja perfeito e perfeitamente habilitado para toda boa obra" (2 Tm 3.16,17, ARA).

De onde vem a teologia romanista?

Para os católicos romanos, a fonte máxima de autoridade não é a Palavra de Deus, e sim uma teologia extrabíblica, baseada na tradição papista. Onde está escrito na Bíblia que Pedro foi o primeiro papa e que ele é a pedra fundamental da Igreja? Bem, se isso fosse verdade, Pedro teria sido um papa bem diferente: repreensível (Gl 2.11) — é claro que Bento XVI também o é —, casado (Mt 8.14,15), pobre (At 3.6) e que não recebeu adoração (At 10.25,26).

Paulo foi categórico ao dizer que "... ninguém pode pôr outro fundamento, além do que já está posto, o qual é Jesus Cristo" (1 Co 3.11). Por que, então, o romanismo insiste em afirmar que Pedro é o fundamento da Igreja? Porque a fonte de autoridade dessa grande religião é a teologia papista. E, ao se firmar nesta, todas as outras fontes, inclusive a Palavra de Deus, tornam-se secundárias.

Os teólogos romanistas dizem que crêem na Bíblia, mas a empregam a bel-prazer, fora de contexto, para corroborar o que o papismo afirma. Usam Mateus 16.18 para justificar a primazia de Pedro. No entanto, a pedra à qual Jesus fez referência é a declaração que o apóstolo fizera: "Tu és o Cristo, o Filho do Deus vivo" (v. 16). Aliás, o próprio Pedro reconheceu — pregando e escrevendo — que Jesus é a pedra fundamental da Igreja (At 4.11; 1 Pe 2.4).

Onde está escrito, na Bíblia Sagrada, que Maria é mediadora e que morreu virgem? Os apóstolos Paulo e Pedro disseram claramente que só existe um Mediador: Jesus Cristo (1 Tm 2.5; At 4.12), corroborando as próprias palavras do Senhor, em João 10.9 e 14.6. E, como Maria teria morrido virgem, se as Escrituras, em Mateus 13.55, mencionam os outros filhos dela? Pois é... a "santa tradição papal" impede os teólogos romanistas de aceitar a verdade revelada.

Teólogos fascinados pelo darwinismo

Muitos teólogos da atualidade, fascinados pelo darwinismo — ainda que não admitam —, têm defendido que houve uma recriação da Terra. Não aceitando (ou aceitando apenas em parte) o relato da criação (Gn 1; 2.1,2), apresentam uma mirabolante teoria da Terra pré-adâmica caótica, decorrente da queda de Lúcifer, pela qual afirmam que entre Gênesis 1.1 e 1.2 houve um espaço de milhões de anos, e que nesse período teriam vivido outras espécies, extintas depois da aludida queda do Inimigo.

Esses teólogos apegam-se à suposição de que, em Gênesis 1.2, a melhor tradução seria "E a terra tornou-se sem forma e vazia", e não

"E a terra era sem forma e vazia". A partir dessa "grande descoberta", apresentam a teoria da recriação da Terra, montada a partir de várias hipóteses. O que respalda tal teoria? A Bíblia? Não! Citam passagens bíblicas isoladas — que nada têm que ver com a recriação da Terra —, recorrendo à falaciosa eisegese.[1]

Um dos textos preferidos dos teólogos fascinados pelo evolucionismo é Isaías 45.18, principalmente esta ênfase: "... não a criou para ser um caos, mas para ser habitada..." (ARA). Ora, essa passagem não respalda a tal teoria mirabolante. Antes, mostra apenas que Deus não criou a Terra para ser um caos, vazia, desabitada, como os outros planetas, e sim para ser habitada pelos seres que criou.

Para esses evolucionistas disfarçados, Deus, após ter feito tudo com perfeição, sofreu um revés! Houve uma catástrofe, ocasionada pela queda do "poderoso" Lúcifer, capaz de destruir toda a criação do Senhor, deixando-a em trevas, sem forma e vazia! Meu Deus! Quanta invencionice! Não é mais fácil crer no que está escrito?

Dias literais ou eras geológicas?

Os teólogos fascinados por Darwin são "categóricos" ao dizer que o termo "era" (Gn 1.2) devia ter sido traduzido para "tornou-se". E, com isso, continuam defendendo a sua teoria da Terra pré-adâmica caótica. Ora, por que então os eruditos que trabalharam nas mais diversas versões da Bíblia fizeram a tradução para "era" ou "estava"? Eles só perceberam que estavam equivocados depois?

"Na verdade" — dizem — "é perfeitamente aceitável que o relato de Gênesis se harmonize com a ciência". Pura lógica humana! Não devemos ser inimigos da ciência; isso é tolice. No entanto, não se esqueça, caro teólogo, de que até a "loucura" de Deus (embora isso seja figura de linguagem, pois não há loucura alguma no Todo-Poderoso) é mais sábia do que os homens (1 Co 1.25). Daí Paulo ter deixado um alerta a Timóteo quanto à falsamente chamada ciência (1 Tm 6.20).

De acordo com a Bíblia, tanto a Terra quanto o ser humano foram "criados" e "formados" por Deus. E não pense que isso é a mesma coisa! Quando lemos sobre a *criação* do ser humano, está escrito: "... homem e mulher os criou" (Gn 1.27, ARA). Quanto à *formação*, a do homem precede a da mulher (Gn 2.18-25; 1 Tm 2.13). Em Gênesis 1.1, vemos, pois, a criação inicial, como que em síntese, do mesmo modo que aconteceria com o ser humano. Depois, dia a dia, o Criador deu forma ao informe planeta Terra.

Apenas seis vezes de um total de 264 o verbo contido em Gênesis 1.2 foi traduzido, em outras passagens, para "tornou-se". E, nos casos em que isso ocorre, o contexto corrobora tal tradução.[2] Mas, no caso em apreço, a tradução correta é mesmo "E a terra era [ou estava] sem forma e vazia", pois Deus ainda não havia formado a terra, o que aconteceu depois, nos subseqüentes dias literais — e não eras.

Os sete dias da criação (Sabia que Deus também trabalhou no sétimo dia? Leia com atenção Gênesis 2.2.) não podem ser eras ou períodos de milhares ou milhões de anos, pois a primeira coisa que o Senhor criou ali foi o tempo: "No princípio". Tais dias, pois, são normais, literais, haja vista serem mencionadas as tarde e manhã de cada dia (cf. Gn 1.5,8).

Afirmar, pois, que cada dia da criação é uma era, e que nelas podem ter havido essa ou aquela espécie, é também querer adequar sutilmente a Palavra de Deus às falaciosas idéias de Darwin e seus seguidores. Lembremo-nos de que a fé deve estar acima da razão e da lógica humana (1 Co 2.14-16). Não é porque determinada verdade não cabe em nossa cabeça que deixa de ser verdade.

O teólogo, a fé e a ciência

Muitos cientistas não-cristãos têm rejeitado a teoria da evolução das espécies, de Darwin, preferindo abraçar o criacionismo, teoria que honra as Escrituras. Outros têm adotado o chamado *intelligent design* (desenho inteligente), teoria que tenta harmonizar evolucionismo com criacionismo, pela qual se afirma que há sinais tangíveis de que a natureza foi desenhada por uma inteligência pré-existente — isso vem sendo ensinado em algumas escolas norte-americanas.

O fato de não acreditarmos nessas teorias ditas científicas, preferindo crer no Gênesis, não nos torna ignorantes ou alienados. O mais importante é termos a Palavra de Deus como fonte primária de autoridade e respeitarmos a verdadeira ciência. É muito melhor pisarmos em terra firme do que ficar teorizando. Afinal, por que não aceitar o que está escrito em Gênesis? É muito simplista para você, caro doutor? Não se harmoniza com a ciência? Não cabe em sua cabeça?

Ora, é muito mais seguro aceitar a verdade revelada na Palavra de Deus, a despeito de todos os avanços da ciência, também previstos nas Escrituras (Dn 12.4). Jamais os homens sem Deus, cujas mentes estão cegadas por Satanás quanto à revelação do Senhor (2 Co 4.4), saberão mais do que o Criador, que tem-nos revelado de forma simples as suas verdades, pelo Espírito Santo (Sl 25.14; 1 Co 2.9,10; 1 Jo 2.20).

Prefiramos, pois, crer no relato de Gênesis 1 da forma que está escrito, pela fé, a acreditar em teorias humanas mirabolantes, cujo objetivo é claro: ajustar, ainda que de modo tácito, o relato bíblico às hipóteses darwinistas. E essa perigosa acomodação vem sendo feita, ao longo dos anos, de modo progressivo e sorrateiro, por falsos mestres (cf. 2 Pe 2.1, ARA).

Rejeitemos essa teologia evolucionista! Embora pregadores e teólogos da atualidade a defendam, talvez ingenuamente ou numa tentativa de fazer-nos crer que Bíblia e ciência andam lado a lado, sabemos que tudo isso é estratégia do Inimigo para nos confundir, minando a nossa fé. Sei que alguns desses evolucionistas "cristãos" dirão que estou fora da realidade, mas prefiro, mesmo assim, nadar contra a correnteza: "E não vos conformeis com este mundo..." (Rm 12.2).

Calvino, Armínio ou a Bíblia?

Perguntaram a um pregador:

— O irmão é calvinista ou arminianista?

— Depende do público. — Respondeu. — Se os ouvintes forem teólogos, sou calvinista. Se forem leigos, prefiro ser arminianista...

Calvino acreditava na predestinação incondicional, teoria pela qual ele defendia cinco pontos principais:

Eleição incondicional. De acordo com Calvino, Deus teria escolhido certos indivíduos para a salvação, antes da fundação do mundo. Tais eleitos, de modo soberano, são conduzidos a uma aceitação voluntária a Cristo. Quanto aos não-eleitos, já estariam condenados ao sofrimento eterno desde o útero!

Expiação restrita. A obra expiatória de Cristo teria sido realizada apenas em prol de alguns eleitos, e não por toda a humanidade.

Graça irresistível. O calvinismo afirma que o Espírito Santo chama os eleitos internamente, em seus corações, e os leva à salvação. Tal chamado não estaria limitado ao livre-arbítrio; é o Espírito quem, pela graça, conduz o eleito a crer e se arrepender.

Incapacidade total. Em decorrência do pecado, o homem teria perdido a capacidade de crer no evangelho. Ele possui a faculdade da volição, o livre-arbítrio, porém a sua vontade não é livre, na prática, haja vista estar presa à sua natureza decaída.

Segurança da salvação. Todos os escolhidos por Deus, pelos quais Jesus teria morrido, estariam eternamente salvos, haja o que houver. Eles, por conseguinte, perseverarão até o fim, não por sua própria vontade, mas por obra do Espírito Santo em seus corações.

Já Armínio afirmava que, apesar do pecado ter afetado seriamente a natureza humana, o homem não foi deixado em um estado de total impotência espiritual. Para ele, a eleição de certos indivíduos baseia-se na presciência de Deus, conhecimento prévio de que os eleitos corresponderão ao seu chamado. Acreditava que a obra de Cristo não assegurou efetivamente a salvação de ninguém.

É claro que Calvino e Armínio tinham razão em alguns pontos que defendiam. Mas, se você está se firmando na teologia desses homens falíveis, receio que esteja em um terreno movediço. Se você tem travado longos debates para defender o pensamento deles, esqueceu-se de que "... toda carne é como erva, e toda a glória do homem, como a flor da erva. Secou-se a erva, e caiu a sua flor; mas a palavra do Senhor permanece para sempre. E esta é a palavra que entre vós foi evangelizada" (1 Pe 1.24,25).

Caro Calvino, permita-me discordar

Segundo as Santas Escrituras, a escolha para a salvação foi, primeiramente, *coletiva* — Deus elegeu em Cristo o seu povo (Ef 1.4,5; 1 Pe 2.9). Daí Jesus ter dito: "... edificarei a minha igreja, e as portas do inferno não prevalecerão contra ela" (Mt 16.18). Isso significa que o Corpo de Cristo foi escolhido antes da fundação do mundo. Não houve, pois, a eleição de uns indivíduos para a salvação e de outros para a perdição.

Não existe eleição *individual*? Na verdade, o plano de salvação abrange todos os indivíduos que vão sendo incluídos na Igreja por meio da fé na obra de Cristo, como lemos em Atos 2.47: "... acrescentava-lhes o Senhor, dia a dia, os que iam sendo salvos" (ARA). A Igreja já foi eleita, porém ainda há lugar para mais pessoas nesse Corpo: "... quem quiser tome de graça da água da vida" (Ap 22.17).

Jesus enfatizou que a eleição individual é para quem aceita o seu chamamento geral para a salvação (Mt 11.28-30). Ao afirmar que "... muitos são chamados, mas poucos, escolhidos", Ele revelou que, das multidões que ouvem o Evangelho, apenas uma parte o segue (Mt 22.14).

De acordo com Efésios 1.5, o Senhor "... nos predestinou para filhos de adoção por Jesus Cristo, para si mesmo, segundo o beneplácito de sua vontade". No entanto, quando os indivíduos se tornam efetivamente filhos de Deus e parte integrante do povo eleito? A resposta está em João 1.12: "... a todos quantos o receberam deu-lhes o poder de serem feitos filhos de Deus: aos que crêem no seu nome".

A Palavra de Deus menciona, ainda, a eleição individual de alguns homens para o ministério. Paulo afirmou que Deus o separou desde o ventre de sua mãe e o chamou pela sua graça (Gl 1.15). O mesmo aconteceu com Davi (Sl 22.10), Jeremias (1.5), Isaías (49.1) e João Batista (Lc 1.15). Contudo, essa escolha soberana do Senhor para o santo ministério não interfere em seu desejo de salvar a todos os seres humanos (1 Tm 2.4).

Essa eleição individual não exclui o livre-arbítrio, uma vez que os homens de Deus mencionados podiam desobedecer à chamada divina. Paulo deixou claro isso ao contar o testemunho de sua conversão ao rei Agripa: "E, caindo nós todos por terra, ouvi uma voz que me falava e, em língua hebraica, dizia: Saulo, Saulo, por que me persegues? (...) Pelo que, ó rei Agripa, não fui desobediente à visão celestial" (At 26.14-19). E se o apóstolo tivesse desobedecido à visão?

Jesus escolheu "um diabo"?

Em Romanos 8.29,30, está escrito que Deus predestinou para a salvação aqueles que conheceu por antecipação: "Porque os que dantes conheceu, também os predestinou para serem conformes à imagem de seu Filho, a fim de que ele seja o primogênito entre muitos irmãos. E aos que predestinou, a esses também chamou; e aos que chamou, a esses também justificou; e aos que justificou, a esses também glorificou".

O Senhor conheceu — antes da fundação do mundo — todos os pecadores (Rm 5.8). E, como veremos, à luz das Escrituras, Ele predestinou, em Cristo, *toda* a humanidade para a salvação (Rm 11.32; 6.23; 2 Pe 3.9). Deus não se vale de sua presciência para salvar ou condenar alguém. Jesus sabia que Judas era "um diabo"; mesmo assim, chamou-o para fazer parte dos doze apóstolos (Jo 6.70).

Deus sempre soube o fim antes do começo (Is 46.10). Contudo, isso não significa que Ele tenha destinado de antemão uns à salvação e outros à perdição. A predestinação está relacionada com o plano redentor idealizado por Deus, o qual se estende a todos os seres humanos que crerem no Senhor Jesus (Jo 3.16).

Por sua presciência, Deus conhece os que o rejeitarão. Mesmo assim, não interfere, uma vez que dotou o ser humano de livre-arbítrio; Ele não viola esse princípio. Embora essa faculdade esteja grandemente prejudicada pelos efeitos do pecado, o homem tem, sim, como veremos, a capacidade de escolher entre o bem e o mal. Ele não é um ser autômato, um robô, um fantoche, mas um ser responsável por seus atos.

Não faria justiça o Justo Juiz?

Deus é justo. Em Atos 10.34, vemos que Ele não faz acepção de pessoas. Abraão até ousou perguntar-lhe: "Não faria justiça o Juiz de toda a terra?" (Gn 18.25). O Justo Juiz, pois, negaria a sua justiça condenando indivíduos ao inferno antes da fundação do mundo?

No Areópago, em Atenas, Paulo anunciou que o Senhor deseja que toda a humanidade se arrependa, pois haverá um juízo para todos os homens (At 17.30,31). Isso significa que *todas as pessoas* estão predestinadas à salvação. Mas, para receber essa bênção, o homem precisa se arrepender dos seus pecados e crer que o único Mediador é Jesus Cristo (Mc 1.15; 1 Tm 2.5). O nosso Salvador "... quer que todos os homens se salvem e venham ao conhecimento da verdade" (1 Tm 2.4).

Ninguém pode negar que Jesus morreu por todos os seres humanos. Está escrito na Bíblia que Jesus "... é a propiciação pelos nossos pecados e não somente pelos nossos, mas também pelos de todo o mundo" (1 Jo 2.2). E esse "todo o mundo" não é uma alusão a alguns privilegiados eleitos. Não! Deus, em seu plano, desejou salvar a "todos os termos da terra" (Is 45.22). É pelo fato de Jesus ter morrido por *todos* (Hb 2.9) que o Espírito Santo convence *o mundo*, e não alguns escolhidos (Jo 16.8-11).

Se a teoria calvinista da predestinação fosse verdadeira, não haveria necessidade de pregarmos o Evangelho, visto que os não-eleitos jamais seriam salvos, mesmo que ouvissem as boas novas de salvação! Entretanto, Jesus mandou pregar e ensinar a todos, em todo o mundo (At 1.8; Mt 28.19). Em Marcos 16.16, o Senhor afirmou: "... quem não crer será condenado". Ele não teria dito isso se de fato tivesse ocorrido uma eleição incondicional e arbitrária antes que o mundo existisse.

Deus é amoroso. A Palavra do Senhor salienta que o seu amor é infinito e ilimitado (Jo 3.16; Rm 5.7,8). Jesus quer salvar os piores pecadores! Ele os vê como ovelhas que não têm Pastor (Mt 9.36). "Desejaria eu, de qualquer maneira a morte do ímpio? Diz o Senhor Jeová; não desejo, antes, que se converta dos seus caminhos e viva?" (Ez 18.23). Como poderia ter condenado de antemão aqueles a quem Ele mesmo deseja salvar?

Em João 6.51, a mensagem de Jesus foi ainda mais clara: "Eu sou o pão vivo que desceu do céu; se alguém comer desse pão, viverá para sempre; e o pão que eu der é a minha carne, que eu darei pela vida do mundo". Observe: Jesus ofereceu-se em sacrifício pela vida *do mundo*. E, quando *alguém* crê nEle, recebe a vida eterna (Jo 3.36). A Palavra de Deus diz ainda: "... se um morreu por todos, logo, todos morreram" (2 Co 5.14).

Pode-se resistir à graça de Deus?

Não existe graça irresistível, pois o homem pode, sim, recusar-se a aceitar o chamamento do Senhor (Hb 3.12; 12.25; At 7.51; 13.46). As Escrituras afirmam que Deus está conosco enquanto estivermos com Ele; se o deixarmos, também nos deixará (2 Cr 15.2). Em Hebreus 3.15, está escrito: "Enquanto se diz: Hoje, se ouvirdes a sua voz, não endureçais o vosso coração, como na provocação".

Mas ai daqueles que resistem à graça. Não serão condenados por estarem predestinados ao inferno. Antes, serão lançados no lago de fogo por resistirem ao Espírito da graça: "De quanto maior castigo cuidais vós será julgado merecedor aquele que pisar o Filho de Deus, e tiver por profano o sangue do testamento, com que foi santificado, e fizer agravo ao Espírito da graça?" (Hb 10.29).

Os calvinistas se apegam a passagens isoladas, como João 6.37,44 e 10.29, para afirmar que apenas alguns eleitos são encaminhados pelo Pai a Jesus. Na verdade, tais passagens mostram, à luz do contexto, que até para aceitar a chamada para a salvação, o ser humano precisa de capacitação divina. É Deus quem concede a fé quando o pecador ouve a Palavra (Rm 10.17); e é Ele quem dá a possibilidade de arrependimento (At 11.18). A salvação é pela graça de Deus (Ef 2.8,9).

Não há méritos humanos na salvação. Ninguém pode se gloriar: "Eu sou salvo porque tive fé" ou "Sou regenerado porque eu me arrependi". Deus pôs na alma humana três faculdades: sentimento, intelecto e vontade. Por elas o homem pode ouvir a mensagem do evangelho, sentir suas misérias e crer para a salvação (Rm 10.9,10; Lc 15.17-19). Em outras palavras, Deus indica o caminho (Jo 14.6) e provê os meios de o homem entrar por esse caminho. E cada indivíduo, de posse desses meios, *escolhe* entre a vida e a morte (Mt 7.13,14).

Não existe livre-arbítrio?

Os seguidores do calvinismo extremista — um evangelho teologicocêntrico, e não bibliocêntrico — afirmam que o livre-arbítrio ficou praticamente sem efeito depois da entrada do pecado no mundo. Contudo, as Santas Escrituras mostram que Deus, em todas as épocas, antes e depois da entrada do pecado no mundo, respeitou as decisões humanas.

Nos dias de Moisés, Josué e Elias (muito tempo depois da Queda), vemos como Deus desejava que os homens fizessem escolhas: "... te tenho proposto a vida e a morte, a bênção e a maldição; escolhe, pois, a vida, para que vivas, tu e a tua semente"; "... escolhei hoje a quem sirvais..."; "Até quando coxeareis entre dois pensamentos? Se o Senhor é Deus, segui-o; e, se Baal, segui-o" (Dt 30.19; Js 24.15; 1 Rs 18.21).

Em Isaías 1.18, Deus convidou os pecadores a argüi-lo, a fim de que recebessem o perdão de seus mais terríveis pecados, porém deixou claro que respeitaria as suas decisões: "Se quiserdes, e ouvirdes, comereis o bem desta terra. Mas, se recusardes e fordes rebeldes, sereis devorados à espada, porque a boca do Senhor o disse" (Is 1.19,20).

O salmista *escolheu* o caminho da verdade (Sl 119.30) e, sem duvidar, teve segurança para fazer este pedido a Deus: "Venha a tua mão socorrer-me, pois escolhi os teus preceitos" (v. 173). Em Apocalipse 22.17, no último livro da Bíblia, a água da vida não é oferecida a alguns eleitos para a salvação. Não! Jesus a oferece a quem tem sede e *quer* tomá-la de graça! Aleluia!

Outrossim, o Senhor se importa com aqueles que invocam o seu nome (At 2.21). Por isso, ao pregar a Palavra de Cristo na casa de Cornélio, Pedro afirmou: "A este dão testemunho todos os profetas, de que todos os que nele crêem receberão o perdão dos pecados pelo seu nome" (At 10.43).

Uma vez salvo, salvo para sempre?

Paulo sabia que a manutenção da salvação depende de nossa cooperação (1 Tm 4.16). Por isso, alertou os crentes de Corinto: "Também vos notifico, irmãos, o evangelho que já vos tenho anunciado, o qual também recebestes e no qual também permaneceis; pelo qual também sois salvos, se o retiverdes tal como vo-lo tenho anunciado, se é que não crestes em vão" (1 Co 15.1-2). Note: a manutenção da salvação está condicionada à obediência ao evangelho verdadeiro (2 Co 11.3,4; Gl 1.8).

Em Mateus 23.37, Jesus disse: "Jerusalém, Jerusalém, que matas os profetas e apedrejas os que te são enviados! Quantas vezes quis eu ajuntar os teus filhos, como a galinha ajunta os seus pintos debaixo das asas, e tu não quiseste!" Observe que Jesus *quis* ajuntar os filhos de Jerusalém, porém ela *não quis* que Ele assim o fizesse. Isso é livre-arbítrio!

Nenhuma pessoa foi destinada de antemão à condenação (Is 50.2; Ez 18.32). Pedro mencionou falsos doutores que negariam o

Senhor que os *resgatou* (2 Pe 2.1). E, ao final deste capítulo, disse: "Porquanto se, depois de terem escapado das corrupções do mundo, pelo conhecimento do Senhor e Salvador Jesus Cristo, forem outra vez envolvidos nelas e vencidos, tornou-se-lhes o último estado pior do que o primeiro" (v. 20).

Isso significa que as pessoas resgatadas, compradas, purificadas pelo sangue de Jesus, justificadas, regeneradas, santificadas e libertas, *se não guardarem o que têm recebido do Senhor*, perderão a salvação! Pedro ainda afirmou: "... melhor lhes fora não conhecerem o caminho da justiça, do que, conhecendo-o, desviarem-se do santo mandamento que lhes fora dado" (2 Pe 2.21). Por isso, Jesus alerta-nos: "... guarda o que tens, para que ninguém tome a tua coroa" (Ap 3.11).

Os eleitos podem perder a salvação?

Aos que se desviam da verdade o Senhor dá tempo para que se arrependam (Ap 2.20,21). Alguns salvos em Cristo, *resgatados*, infelizmente têm apostatado da fé, "... dando ouvidos a espíritos enganadores e a doutrinas de demônios" (1 Tm 4.1). E não pense que esse texto se refere aos ímpios. Não! Pois eles não têm de que apostatar!

Sim, os eleitos podem perder a salvação se não permanecerem em Cristo! Não é isso que vemos, ao estudar sobre as igrejas da Ásia? Os conselhos para aquelas igrejas abrangeram dois aspectos: arrependimento e manutenção da posição em Cristo. A ordem "Arrepende-te" foi transmitida à maioria (Ap 2.5,16; 3.3,19). Para as outras, o Senhor disse que deveriam guardar, reter, conservar o que tinham, até à morte, para que não perdessem a coroa (Ap 2.10,25; 3.11).

O crente que se acomoda, pensando estar salvo para sempre, está iludido e dormindo espiritualmente. Paulo disse aos seus irmãos em Cristo, em Éfeso: "Desperta, tu que dormes, e levanta-te dentre os mortos, e Cristo te esclarecerá" (Ef 5.14). O pastor da igreja em Sardes estava morto — e não sabia! — e precisava tomar uma posição diante do Senhor (Ap 3.1).

Conquanto o Senhor Jesus tenha feito a sua parte, ao nos resgatar, temos de operar ou desenvolver a nossa salvação (Fp 2.12; Ef 2.10; Hb 6.9). Em 2 Timóteo 2.10, está escrito: "... tudo sofro por amor dos escolhidos, para que também alcancem a salvação que está em Cristo Jesus com glória eterna". Fomos transportados das trevas para a luz; e da morte para a vida (1 Pe 2.9; Jo 5.24). Contudo, se negarmos o Senhor, Ele também nos negará (2 Tm 2.12; Mt 10.32,33).

Os nossos nomes estão registrados no livro da vida, mas isso não autentica a máxima calvinista: "Uma vez salvo, salvo para sempre". A Palavra de Deus afirma: "O que vencer será vestido de vestes brancas, e de maneira nenhuma riscarei o seu nome do livro da vida..." (Ap 3.5). Ou seja, Jesus não riscará o nome de quem vencer!

O navio e as canoas furadas

Há um episódio narrado em Atos 27 que nos serve de ilustração para resumir o que a Palavra de Deus diz sobre a predestinação. Quando Paulo navegava como prisioneiro para a Itália, houve uma grande tempestade no mar (vv. 18-20). Deus, então, enviou um anjo para dizer-lhe que todos escapariam vivos. E Paulo transmitiu a mensagem aos que estavam no navio, estabelecendo uma condição: *permanecer* na embarcação (vv. 22-31). Conclusão: "E assim aconteceu que todos chegaram à terra, a salvo" (v. 44).

Quando o pecado entrou no mundo, todos os homens foram nivelados ao estado de pecadores (Rm 3.23; 5.12). Deus podia ter posto fim ao "projeto homem", porém já tinha um plano redentor: "... encerrou a todos debaixo da desobediência, para com todos usar de misericórdia" (Rm 11.32). Em outras palavras, é como se Deus colocasse à disposição de toda a humanidade o "navio da salvação". Quem entrar nesse navio e permanecer nele até ao fim chegará ao "porto da salvação" (Hb 3.6).

Quem quiser pode entrar em outras "embarcações" ou "canoas furadas". Contudo, é melhor permanecer no "navio da salvação", em Cristo! Só há, pois, a segurança da salvação para as ovelhas que permanecerem na mão do Bom Pastor, que disse: "... dou-lhes a vida eterna, e nunca hão de perecer, e ninguém as arrebatará da minha mão" (Jo 10.28).

Ninguém pode arrebatar, raptar, o crente da mão de Jesus. Todavia, o crente pode negar a sua fé, seguindo a falsos doutores (2 Tm 4.1-5). Quem confia cegamente na segurança da salvação, sem santificação e vida de renúncia, pode ser comparado àquelas pessoas que embarcaram no *Titanic*. Achavam que o navio jamais afundaria... Que engano!

Em 2 Coríntios 1.13, está escrito: "Porque nenhumas outras coisas vos escrevemos, senão as que já sabeis ou também reconheceis; e espero que também até ao fim as reconhecereis". Vigiemos, pois, para que não soframos um "naufrágio na fé" (1 Tm 1.19). Atentemos para a advertência da Palavra de Deus, que diz: "Aquele, pois, que cuida estar em pé, olhe não caia" (1 Co 10.12).

Erros que os seminaristas devem evitar

1) Esquecer-se de que a Palavra de Deus é a fonte máxima de autoridade, superior a escritos, experiências, pregações, divagações filosóficas, tradições e a qualquer outra fonte humana.

2) Desprezar a simplicidade com que a verdade é apresentada nas Escrituras. Muitos estudiosos, ao buscar explicações mais complexas, em obras teológicas, desprezam o que está clara e objetivamente revelado nas páginas sagradas.

3) Pensar que a Escritura deixa de ser verdadeira quando não se consegue compreendê-la pelo raciocínio. O fato de as verdades sagradas não "caberem em nossa cabeça" não denota contradição na Palavra de Deus, e sim incapacidade humana (1 Co 2.14,15).

4) Considerar a Bíblia uma obra comum, similar a outros livros. As obras de teólogos como Agostinho, Calvino, Finney, Karl Barth, Hodge e outros têm o seu valor, porém devemos sempre ter a Palavra de Deus como fundamento para nossa fé (Mt 7.24-27).

5) Esquecer-se de que a teologia é valiosa e útil *ao lado* da Bíblia, e não *em cima* dela. Não sou contra o estudo teológico. Seria uma incoerência de minha parte verberar contra a teologia. Mas eu seria ainda mais incoerente e até tolo se não aproveitasse essa oportunidade para alertar aos meus leitores quanto ao falso evangelho teologicocêntrico, que faz da opinião dos teólogos a fonte máxima de autoridade.

6) Apegar-se cegamente ao academicismo. Infelizmente, muitos estudantes de teologia se consideram superiores a outros que não possuem formação teológica. Na Palavra de Deus vemos como Deus usou a Paulo, um acadêmico, por assim dizer, educado aos pés de

Gamaliel; e a Pedro, um simples pescador. O Senhor usa a quem quer e como quer.

7) Confiar nos seus próprios conhecimentos (Pv 3.5), esquecendo-se de se sujeitar ao Espírito Santo, que revela os mistérios de Deus (1 Co 2.9,10).

Você ainda está aí? Que bom! Então vire mais uma vez a página, por favor.

[1] Eisegese, como já vimos, é o contrário de exegese. Enquanto esta diz respeito ao que é extraído das Escrituras de modo correto, à luz do contexto, a outra torce a Palavra de Deus, quer acrescentando-lhe inverdades, quer tirando-lhe verdades (cf. Ap 22.18,19).

[2] MORRIS, Henry, *Criação ou Evolução?*, Fiel, p. 12.

Capítulo

6

Use a Cabeça, Mas Nem Tanto

O evangelho filosófico

Ora, o homem natural não compreende as coisas do Espírito de Deus, porque lhe parecem loucura; e não pode entendê-las, porque elas se discernem espiritualmente.

1 Coríntios 2.14

No campus de uma universidade, cinco professores conversavam sobre assuntos científicos.

— A biologia é a ciência principal porque lida com coisas vivas. — Disse o primeiro.

— Discordo. A química que é, pois explica como e de quê são feitas todas as coisas. — Retrucou o segundo.

— Na verdade, a física é ainda melhor, pois explica as leis da natureza. — Respondeu o terceiro.

— Vocês estão todos enganados, pois a filosofia nos instiga a questionar todas essas ciências. — Afirmou o quarto.

O quinto permanecia calado, balançando a cabeça negativamente, até que um deles resolveu perguntar:

— E você, qual é a sua opinião?

E ele respondeu, deixando os seus companheiros curiosos:

— Amigos, há algum tempo, um aluno me presenteou com um livro, e eu gostaria de compartilhar alguns trechos que li sobre o assunto desse debate.

Abrindo a sua pasta, tirou um livro de capa preta e prosseguiu:

— A biologia estuda as coisas vivas. No entanto, qual é a origem da vida? A resposta está neste livro: "No princípio, criou Deus os céus e a terra. E disse Deus: Produza a terra alma vivente conforme a sua espécie; gado, e répteis, e bestas-feras da terra conforme a sua espécie. E assim foi. E formou o Senhor Deus o homem do pó da terra e soprou em seus narizes o fôlego de vida; e o homem foi feito alma vivente" (Gn 1.1,24; 2.7).

— A química explica de quê são feitas todas as coisas. Porém, quem criou as substâncias químicas? Este livro tem a resposta: "Pela fé, entendemos que os mundos, pela palavra de Deus, foram criados; de maneira que aquilo que se vê não foi feito do que é aparente" (Hb 11.3).

— A física explica as leis da natureza. Mas, quem estabeleceu essas leis? Neste livro está escrito: "Enquanto a terra durar, sementeira e sega, e frio e calor, e verão e inverno, e dia e noite não cessarão" (Gn 8.22).

— Pode a filosofia, com todos os seus questionamentos, nos conduzir à verdade? Onde está a verdade? Vamos à resposta: "e conhecereis a verdade, e a verdade vos libertará. Disse-lhe Jesus: Eu sou o caminho, e a verdade, e a vida. Ninguém vem ao Pai senão por mim. Santifica-os na verdade; a tua palavra é a verdade" (Jo 8.32; 14.6; 17.17).

O que é o evangelho filosófico?

O evangelho filosófico assemelha-se ao "fermento" dos saduceus (Mt 16.6; 22.23; At 23.8). Eles não criam no sobrenatural; eram racionalistas, agnósticos, céticos, materialistas, liberais e humanistas, rejeitando as doutrinas da ressurreição, dos anjos, dos milagres, da imortalidade e do juízo vindouro.

Para os defensores desse evangelho somente a razão humana — trabalhando com princípios lógicos — pode atingir o conhecimento verdadeiro, universalmente aceito. Entretanto, para compreendermos as verdades sagradas, de fato, devemos priorizar o que está escrito na Bíblia. Outras fontes de autoridade, como a nossa razão, devem ser usadas apenas para nos ajudar a extrair o que está registrado nas Escrituras.

Você já notou como muitos pregadores, ensinadores, escritores, teólogos e seminaristas valorizam ao extremo a filosofia, a lógica humana, a ponto de questionar as verdades contidas na Palavra de Deus? Esquecem-se de que o verdadeiro conhecimento sobre Deus e sua obra é obtido por revelação do Espírito (Mt 11.25; 1 Co 2.9,10; 1 Jo 2.20). Em Salmos 25.14, está escrito: "O segredo do Senhor é para os que o temem; e ele lhes fará saber o seu concerto".

Enquanto o evangelho teologicocêntrico — analisado no capítulo anterior — se fundamenta no que os teólogos dizem de Deus e sua obra, o filosófico se baseia no conhecimento adquirido por meio do exercício do raciocínio humano. No entanto, esses evangelhos se misturam, haja vista terem como principal característica a negação parcial das verdades da Palavra de Deus.

O que é a filosofia?

Para muitos, a filosofia é uma coisa tal, que sem a qual o mundo continua tal e qual. Não acredito nisso; tampouco na afirmação de que filósofo é alguém que, levando toda a vida na miséria, cria teorias sobre a miséria de toda a vida. A filosofia é uma ciência fascinante, que estimula os indivíduos a pensar e os coloca em contato com grandes pensadores do passado.

O vocábulo "filosofia" é formado por dois termos gregos: *filos*, que traduz a idéia de amor, e *sofia*, que significa "sabedoria". Assim, o sentido etimológico de filosofia é "amor à sabedoria". Na Grécia Antiga, o termo já designava não apenas o amor ou a procura do saber, mas um tipo especial de sabedoria: aquela que nasce do uso metódico da razão, da investigação racional — do grego *logikos* — em busca do conhecimento.

Sua finalidade é desvendar as relações de causas e efeitos entre as coisas. E abrange os mais diversos tipos de conhecimento. Pertence a ela o estudo geral dos seres, do nosso conhecimento e do valor das coisas. Em termos mais específicos, podemos situar dentro do campo filosófico os estudos que se referem à teoria do conhecimento, os fundamentos do saber científico, a lógica, a política, a ética e a estética.

Qual é o perigo da filosofia?

A filosofia busca desenvolver no indivíduo o senso crítico, o que, para o crente em Jesus, pode ser positivo ou negativo. Positivo, se estivermos submissos ao Espírito Santo e conscientes de que a Bíblia é a Palavra de Deus. Negativo, se confiarmos em nosso limitado raciocínio. Embora este nos seja importante (Rm 12.1), não devemos nos valer dele para questionar as verdades da Palavra de Deus.

Sabemos que é da natureza da filosofia não se conformar com respostas únicas, definitivas, rígidas e estáticas, como: "Todos são pecadores" ou "Jesus é o único caminho para a vida eterna". É função da filosofia dizer o contrário, sempre, haja vista sua riqueza residir na pluralidade, na valorização do questionamento e na problematização.

Ah, então os estudiosos da Bíblia estão proibidos de pensar e questionar? Não! Mas os questionamentos e o exercício da lógica humana, ao meditar numa passagem da Palavra de Deus, devem ter como objetivo assimilar as verdades reveladas pelo Espírito Santo, e não conceber "verdades" próprias.

O salmista orava assim: "Desvenda os meus olhos, para que veja as maravilhas da tua lei" (Sl 119.18). Isso denota submissão. E muitos teólogos não querem se submeter à Palavra de Deus, preferindo confiar em seu limitado raciocínio (1 Co 2.14).

A verdade, segundo a filosofia

De acordo com a filosofia, o ser humano pode chegar à verdade por quatro caminhos:

Por correspondência — quando um enunciado corresponde com a realidade.

Por utilidade — uma noção é verdadeira se provar a sua efetiva utilidade.

Por êxito — verdade é a qualidade pela qual um conhecimento gera efetivamente resultado.

Por revelação — aquilo que é revelado de alguma forma ao ser humano é verdade.

Entretanto, sabemos que, quando o homem busca a verdade por conta própria, afastando-se de Deus, nunca a encontrará. As diferentes opiniões contraditórias manifestadas pelos homens, sobre os mesmos assuntos, revelam os limites da inteligência humana. Por essa razão, não devemos confiar em nosso intelecto.

Em 1 Coríntios 2.16, o apóstolo Paulo afirmou: "Porque quem conheceu a mente do Senhor, para que possa instruí-lo? Mas nós temos a mente de Cristo". Isso significa que, se permanecermos em Cristo, a nossa mente — outrora cegada pelo Inimigo (2 Co 4.4) — está preparada para compreender as verdades reveladas da Palavra, desde que não confiemos em nossa lógica, abraçando a filosofia humanista.

Sócrates e cia.

Os principais nomes da filosofia humanista foram Sócrates, Voltaire e Fromm. Esses pensadores deram muita importância à vida humana, porém se esqueceram dAquele que a criou. Infelizmente, essa perigosa corrente racionalista vem sendo apresentada de modo disfarçado nas igrejas por alguns falsos mestres.

Sócrates foi o pai da idéia de que o pensamento correto produz a ação correta. Ele acreditava que possuía um deus dentro de si, o qual lhe dizia o que era certo e o que era errado. O humanismo foi o legado que deixou, antes de se suicidar, em 399 a.C., em Atenas. Mas quem é guiado pela Palavra de Deus sabe que "É melhor confiar no Senhor do que confiar no homem" (Sl 118.8).

Outro filósofo que ficou famoso por valorizar ao extremo a razão foi o francês Voltaire (1694-1778). Sua filosofia humanista era contrária à crença em Deus, embora admitisse não ser ateu. Chegou a afirmar que por trás daquele mundo bem-ordenado descrito por Newton deveria existir um Criador.

Voltaire fez discípulos, como o pensador alemão Erich Fromm (1900-1980). Este afirmou que o homem deve determinar para si próprio o que considera bem ou mal. Segundo ele, o bem é tudo o que é bom para a natureza humana; tudo o que impulsiona a vida dessa natureza e colabora para as potencialidades humanas. Assim, para determinarmos o bem, devemos estudar e conhecer a natureza humana em profundidade.

Segundo a filosofia humanista, quando o homem assume viver conforme sua real natureza, todo o seu organismo desenvolve, em termos físicos e psíquicos, uma harmonia crescente consigo mesmo, seus semelhantes e a natureza. Considerando o homem o centro de todas as coisas, o humanismo, sem dúvidas, foi o precursor do perigoso evangelho antropocêntrico, já analisado nesta obra.

A filosofia de Sócrates, Voltaire e Fromm tem atraído e influenciado muitos falsos mestres da atualidade, que — apostatando da fé (1 Tm 4.1; 2 Tm 4.3) — empregam versículos bíblicos para justificar doutrinas falsas, meramente racionais. Por isso, Paulo alertou: "Tende cuidado para que ninguém vos faça presa sua, por meio de filosofias e vãs sutilezas, segundo a tradição dos homens, segundo os rudimentos do mundo e não segundo Cristo" (Cl 2.8).

Não tem lógica confiar na lógica!

Não há razão para nos estribarmos na razão! Não tem lógica confiar na lógica! Sabemos que o homem natural não compreende as coisas do Espírito de Deus, as quais se discernem espiritualmente (1 Co 2.14). Não cabe ao exegeta, teólogo ou estudioso da Bíblia aplicar métodos e fórmulas racionais com o intuito de produzir teorias que não se coadunem com o que está escrito na Bíblia.

Às vezes, o raciocínio lógico funciona e nos leva a coerentes conclusões, como no conhecido silogismo aristotélico:

Todos os homens são mortais.
Os gregos são homens.
Logo, os gregos são mortais.

No caso acima, as duas premissas e a conclusão estão corretas. Mas veja como nem sempre a lógica funciona:

Todos os gatos possuem quatro patas.
Meu cachorro possui quatro patas.
Logo, meu cachorro é um gato.

Vamos a outra falácia:

O dono de um banco é uma pessoa muito rica.
Conheço um mendigo que tem um banco.
Logo, tal mendigo é rico.

Qual é o problema desse último silogismo? As proposições estão corretas, mas o significado da palavra "banco" é diferente. Na primeira premissa, faz-se alusão a uma instituição bancária; na segunda, a um assento. Como se vê, a lógica humana se mostra falha quando não se conhece de fato o significado exato dos elementos em análise. E quando tais elementos são espirituais, só se pode conhecê-los por iluminação do Espírito (cf. 1 Co 2.14,15; 1 Jo 2.20).

Muitos seguidores do evangelho filosófico chegam a conclusões absurdas por confiarem em seu limitado raciocínio. Baseiam-se em palavras e expressões soltas, que possuem significados diferentes, de acordo com o contexto. Imagine se alguém fizesse um silogismo semelhante ao mencionado acima empregando a palavra "mundo", sem levar em consideração a sua variedade de significado nas páginas sagradas:

Deus amou o mundo.
O mundo jaz no Maligno.
Logo, Deus amou o Maligno.

O mundo da primeira premissa é a humanidade (Jo 3.16). E o da segunda, o sistema mundano que se levanta contra Deus e seu povo (Tg 4.4; Rm 12.2; 1 Jo 2.15-17), o mundo dominado pelo Diabo (Jo 16.11; 1 Jo 5.19). Viu como é fácil torcer a mensagem contida na Palavra de Deus, quando confiamos em nosso limitado raciocínio?

Billy Grahan

O evangelista Billy Grahan, no início de sua vitoriosa carreira, quase sucumbiu ante os ataques do ceticismo filosófico de um amigo. Este lhe dizia: "Billy, você está desatualizado cinqüenta anos. As pessoas não mais aceitam a inspiração da Bíblia da maneira que você o faz. A sua fé é excessivamente simplista". O seu amigo — amigo? — parecia estar conseguindo influenciá-lo, e Grahan sabia que se não pudesse confiar na Bíblia não poderia pregar o evangelho com autoridade.

Depois de examinar as Escrituras, Grahan orou e meditou. Durante uma caminhada nas montanhas, segurou firmemente a Bíblia e reconheceu que não podia responder algumas questões filosóficas. Então disse ao Senhor: "Pai, eu vou aceitar isto como a tua Palavra — pela fé! Eu vou permitir que a fé vá além dos meus questionamentos e dúvidas intelectuais e passarei a acreditar que esta é a tua Palavra inspirada".[1] Glória a Jesus, irmão Billy! O Senhor lhe deu vitória!

Billy Grahan rejeitou o evangelho filosófico e tornou-se o maior evangelista internacional dos últimos tempos, um pregador do evangelho cristocêntrico! Aleluia! Quanto ao seu amigo, que parecia estar em um terreno tão firme, infelizmente acabou abraçando o agnosticismo, apostatando da fé.

Quando um crente em Jesus prioriza a filosofia — esquecendo-se de que à Igreja de Cristo é dado conhecer os mistérios do Reino dos céus (Mt 13.11), por revelação do Espírito —, ele pode se tornar um cético quanto às verdades reveladas. Muitos teólogos, ao longo da história, ao optarem por endeusar seu raciocínio, fizeram "descobertas" impressionantes!

Alguns teólogos, seguidores do evangelho filosófico, chegaram à conclusão de que Cristo não morreu na cruz! Baseados na lógica humana, acreditam que o Senhor teria sido sepultado em estado de coma. Depois, ao recobrar os sentidos, apareceu aos discípulos e morreu devido aos ferimentos... Essa é a conclusão que cabe na cabeça deles! Mas o apóstolo finlandês Eurico Bergstén — de saudosa memória — fez o seguinte comentário acerca dessa ultrajante teoria:

> *Um absurdo desse só é possível entrar na cabeça de um modernista, totalmente destituído do temor de Deus. (...) O próprio carrasco, o centurião, afirmou diante do governador Pilatos, que Jesus havia morrido (cf. Mc 15.44,45). Também os soldados viram que Jesus já era morto, e para ainda confirmar este fato furaram-lhe o seu lado (cf. Jo 19.34). Se Jesus tivesse sido sepultado em estado de coma, como então agüentaria, depois de ter acordado, remover a pedra para sair do sepulcro (cf. Mt 27.66; Mc 16.3) e isso sem chamar a atenção da guarda? (cf. Mt 27.65) E como poderia Ele, ensangüentado, fraquíssimo e meio morto, conseguir convencer os seus discípulos de que havia ressuscitado?*[2]

Caro Keller, a Bíblia tem razão!

Werner Keller alcançou notoriedade com a obra *E a Bíblia Tinha Razão*, cuja proposta, aparentemente, era enaltecer a Palavra de Deus. O livro é um primor se considerarmos a sua riqueza em informações arqueológicas. Contudo, o autor falhou ao tentar explicar racionalmente as ações miraculosas de Deus. Ao mencionar o maná, ele deixa transparecer ironia e cinismo em relação aos milagres realizados pelo Senhor:

> *... o famoso maná não era outra coisa senão uma secreção das árvores e arbustos da tamargueira, quando picados por uma espécie de cochonilha característica do Sinai.*
>
> *... houve uma verdadeira expedição em busca do maná. O botânico Friedrich Simon Bodenheimer e Oskar Theodor, da Universidade Hebraica de Jerusalém, seguiram para a península do Sinai a fim de esclarecerem finalmente a tão debatida questão do fenômeno do maná. (...) Eles não só haviam trazido a primeira fotografia do maná, (...) como mostravam também o realismo com que a Bíblia descrevia a peregrinação dos filhos de Israel pelo deserto.*[3]

Keller enaltece a descrição realista da Bíblia quanto à peregrinação dos israelitas, mas, ao mesmo tempo, afirma que o maná caía das árvores e que foi fotografado! Ora, de acordo com o relato das Escrituras, o maná era um alimento miraculosamente oferecido aos filhos de Israel no deserto (Jo 6.31,32; Êx 16.15-35). Essas passagens deixam claro que ele caía do céu! Ademais, o que não era consumido no dia estragava-se. Como, pois, alguém teria conseguido, em nossos dias, fotografá-lo?

O que mais impressiona é o fato de alguns seguidores do evangelho filosófico citarem com naturalidade informações falaciosas que depõem contra os milagres apresentados na Palavra de Deus. Alguém poderá argumentar: "Keller apresenta provas científicas em sua obra". Porém, é a Palavra do Senhor que permanece (1 Pe 1.25). E Paulo disse a Timóteo: "... guarda o depósito que te foi confiado, tendo horror aos clamores vãos e profanos e às oposições da falsamente chamada ciência" (1 Tm 6.20).

Portanto, não abramos mão da nossa fé, haja o que houver, pois só assim agradaremos o nosso Galardoador (Hb 11.6). E lembremo-nos de que, ainda que os homens, com o seu limitado raciocínio, tentem provar que a Bíblia possui erros ou contradições, ela sempre terá razão!

Pré, pós ou amilenarismo?

Um jovem seminarista perguntou a um mestre em teologia:

— Professor, ao estudar a escatologia, que escola de interpretação devemos seguir: a pré-milenarista, a pós-milenarista ou a amilenarista?[4]

— Nenhuma das três. — Respondeu o professor.

O jovem ficou um tanto inseguro de perguntar por que nenhuma das três deveria ser seguida, mas não conseguiu conter a sua curiosidade.

— Por quê?

— Por quê? Ora, essas escolas traduzem apenas o que os teólogos dizem da Bíblia. Embora seja importante conhecer cada sistema de interpretação escatológica, haja vista serem úteis no estudo desse assunto, nenhum deles tem a palavra final sobre o futuro. — Resumiu o professor.

— Então, quer dizer que eu nunca poderei saber a verdade sobre o futuro? — Lamentou o aluno.

Com um discreto sorriso, o professor apertou a mão do jovem, e concluiu:

— Conquanto a teologia nos sirva de ferramenta auxiliar, sempre representará o que homens falíveis dizem da Bíblia. Leia e estude as Escrituras em oração. Só assim você saberá o que Deus diz sobre o futuro. Estude também as escolas de interpretação, porém lembre-se de que a verdade está na Palavra de Deus.

Alguns sistemas teológicos de interpretação quanto ao futuro têm como fonte de autoridade a razão, e não a Palavra de Deus. Não é mais fácil, em vez de abraçar um sistema aparentemente lógico de interpretação, respeitar o que está escrito nas páginas sagradas? Segundo a Bíblia, ocorrerá o Milênio, e Cristo voltará antes desse período de mil anos.

Os pós-milenaristas não aceitam, mas a Palavra de Deus diz que haverá duas ressurreições: a dos salvos e a dos perdidos; e elas ocorrerão em ocasiões diferentes, embora sejam mencionadas juntas em algumas passagens (Dn 12.2; Jo 5.28,29).

Primeira ressurreição — a da vida (Jo 5.29a) — é apresentada na Bíblia em três etapas: Cristo, as primícias dos que dormem (1 Co 15.20,23a); os que são de Cristo, antes do Arrebatamento (1 Co 15.23b); e os mártires da Grande Tribulação, que ressuscitarão antes do Milênio (Ap 20.4-6). Este texto diz: "Esta é a primeira ressurreição.

Bem-aventurado e santo aquele que tem parte na primeira ressurreição". Observe: *primeira*, e não única.

Segunda ressurreição — a da condenação (Jo 5.29b) — ocorrerá depois do Milênio e antes do Juízo Final. Os mortos que "não reviveram, até que os mil anos se acabaram" (Ap 20.5) ressuscitarão para o julgamento do Trono Branco: "E deu o mar os mortos que nele havia; e a morte e o inferno deram os mortos que neles havia; e foram julgados cada um segundo as suas obras" (v. 13).

Como se vê, é a Palavra de Deus que tem razão! E não o pré-milenarismo, o pós-milenarismo ou o amilenarismo...

Recado aos racionalistas: "Satanás existe"

Alguns pregadores do evangelho filosófico também subestimam a força do Inimigo e seus agentes. Paulo, que jamais pregaria esse falso evangelho, ensinou que os ardis do Diabo não devem ser ignorados (2 Co 2.11). Mas os racionalistas dizem que o mal é uma força impessoal que está dentro de cada pessoa, e esta pode contê-lo, aprisioná-lo.

Em Lucas 10.19, Jesus disse: "Eis que vos dou poder para pisar serpentes e escorpiões, e toda a força do Inimigo, e nada vos fará dano algum". Satanás existe e se opõe à Igreja de Cristo, porém temos o poder do alto (At 1.8), que nos torna capazes de pisar todas as forças do mal. O Inimigo ri daqueles que ignoram os seus ardis e afirmam que ele é produto da imaginação humana.

Não permita que esse falso evangelho leve-o ao ceticismo, a ponto de fazê-lo ignorar a existência do mundo espiritual. É claro que há muito exagero nesse campo, como já vimos, e alguns crentes têm superestimado o poder do Inimigo. Contudo, se é errado supervalorizar a força do Adversário, subestimá-la também o é. Lembre-se de que o Senhor nos deu armas espirituais para vencermos as astutas ciladas do Diabo (Ef 6.10-18). E tais armas não devem ficar na "prateleira" (2 Co 10.4,5).

Você é cessacionista?

Certos teólogos que não querem abrir mão de suas concepções filosóficas erradas, como a de que a promessa do revestimento de poder do Espírito (Jl 2.28,29; Lc 24.49) foi apenas para os dias dos apóstolos, preferem continuar abraçando esse falso evangelho racionalista. E, ao fazerem isso, privam-se da sobrenaturalidade do verdadeiro evangelho de Cristo e dos dons espirituais, descritos com muita clareza pelo apóstolo Paulo (1 Co 12; 14).

Esses teólogos têm afirmado que as línguas e a profecia cessaram, uma vez que Paulo disse: "... havendo profecias, serão aniquiladas; havendo línguas cessarão..." (1 Co 13.8). Que engano! O apóstolo disse isso depois de enfatizar que nada teria valor sem amor: as línguas, as profecias, a ciência e a fé (vv. 1,2). Por que a ciência não desapareceu? Porque, se desprezarmos o amor, "... havendo ciência, desaparecerá" (v. 8), isto é, não terá valor algum.

E quanto à fé? Caso não haja amor, com certeza ela desaparecerá, posto que o fruto do Espírito gerado em nós resume-se em nove virtudes eficazes apenas quando exercidas com amor, o primeiro elemento desse fruto (Gl 5.22). Todos os outros "gomos" são diferentes expressões dessa preciosa virtude: gozo é o amor regozijando-se; bondade, o amor em ação; fé, o amor crendo; e assim por diante.

Mas, voltando ao derramamento de poder, trata-se de um revestimento do alto para o crente, e a sua promessa diz respeito "... a tantos quantos Deus, nosso Senhor, chamar" (At 2.39). O seu desafio, caro leitor, se é que você tem a Bíblia como a Palavra de Deus, é o de aceitar pela fé essa promessa divina. Ou você prefere defender uma posição antibíblica mediante argumentos lógicos?

Você foi chamado por Deus? Faz parte da geração eleita, alcançada pela misericórdia do Senhor, conforme 1 Pedro 2.9,10? Então, por que não solta essas amarras tradicionalistas, baseadas na razão humana, e recebe o poder do alto? Ou você prefere continuar seguindo a esse falso cessacionismo, defendido por teólogos hábeis em argumentos lógicos?

Não apagueis o Espírito!

Os teólogos cessacionistas não abrem mão da interpretação equivocada de que as línguas mencionadas em 1 Coríntios 14.18 eram idiomas aprendidos, como hebraico ou grego. Meu Deus, ilumina essas mentes, a fim de que aceitem a revelação da tua Palavra!

Em 1 Coríntios 14.2, está escrito: "Porque o que fala língua estranha não fala aos homens, senão a Deus; porque ninguém o entende, e em espírito fala de mistérios". Se as línguas estranhas são aprendidas, por que ninguém as entende? Ora, observe o que o texto diz: "em espírito, fala de mistérios".

Se as línguas mencionadas por Paulo são da terra, por que ele disse que é preciso orar para interpretá-las? Observe: "... ore para que a possa interpretar" (v. 13). Além disso, o termo "mais", no grego, *mallon*, indica que Paulo falava em línguas mais freqüentemente — e não em mais idiomas — que os crentes de Corinto.

Infelizmente, os seguidores do evangelho filosófico se esqueceram de que devem crescer também na graça, e não apenas no conhecimento. E o mais triste é que, agindo assim, crescem apenas no conhecimento humano, racional, e não no "... conhecimento de nosso Senhor e Salvador Jesus Cristo" (2 Pe 3.18).

Se você tem confiado em seu limitado raciocínio e aberto mão da poderosa presença do Espírito Santo, bem como das verdades reveladas nas Escrituras, há uma mensagem para o seu coração, a qual Paulo recebeu do Senhor: "Não extingais o Espírito.[5] Não desprezeis as profecias" (1 Ts 5.19,20).

Bem, se eu fosse você — já que conseguiu chegar até este capítulo —, mudaria de página agora mesmo e conheceria mais um evangelho que Paulo nunca pregaria!

[1] STROBEL, Lee, *Em Defesa da Fé*, Editora Vida, pp. 13,14.

[2] BERGSTÉN, Eurico, *Introdução à Teologia Sistemática*, CPAD, p. 84.

[3] KELLER, Werner, *E a Bíblia Tinha Razão*, Círculo do Livro, p. 149.

[4] Pré-milenarismo — sistema de interpretação escatológica pelo qual se afirma que Cristo voltará antes do Milênio. Pós-milenarismo — os defensores deste sistema de interpretação dizem que o Milênio não é um período futuro de mil anos, mas que já estamos vivendo este período hoje. Segundo eles, Cristo voltará depois do "milênio". Amilenarismo — os amilenaristas não crêem no estabelecimento do Reino Milenar de Cristo na Terra.

[5] "Não apagueis o Espírito" (ARA).

Capítulo

7

Coais o Mosquito e Engolis o Camelo

O evangelho farisaico

Se morrestes com Cristo para os rudimentos do mundo, por que, como se vivêsseis no mundo, vos sujeitais a ordenanças: não manuseies isto, não proves aquilo, não toques aquiloutro, segundo os preceitos e doutrinas dos homens? Pois que todas estas coisas, com o uso, se destroem.

Colossenses 2.20-22, ARA

Há alguns anos, fui convidado para ministrar a Palavra de Deus a uma pequena congregação, em São Paulo. Foi um culto bem desordenado. Para se ter uma idéia do "desastre" que foi aquela reunião, comecei a pregar às 22h, após um verdadeiro festival de cânticos, barulho — não o do Espírito, é claro — e muitos "tristemunhos".

Eu até pensei em não pregar. A reunião começara às 19h, e o povo já estava cansado. Porém, havia pessoas ansiosas pelo momento da exposição da Palavra, a ponto de os seus olhos brilharem ante o aviso: "Agora, ouviremos a poderosa Palavra de Deus". Isso me motivou a pregar alguns minutos e fazer um convite aos pecadores. Como ninguém se aproximou do púlpito para receber oração, agradeci a oportunidade e sentei, certo de que fizera o melhor diante de uma circunstância tão adversa.

Entretanto, o pastor daquela igreja não se deu por satisfeito e continuou perguntando se haveria pessoas para Cristo. Após vários minutos de apelo sem sucesso — já nos aproximávamos das 23h —, o obreiro fez uma pergunta a uma senhora assentada num dos últimos bancos do recinto, a qual usava um par de brincos pouco discretos: duas argolas que brilhavam de longe.

— A senhora aí, já é crente?

Ela balançou a cabeça positivamente e respondeu:

— Graças a Deus. — Consegui ler os seus lábios.

Inconformado, o pastor voltou-se aos componentes do coral à sua direita e perguntou-lhes:

— Irmãos, crente usa brinco?

— Nãããão! — Responderam.

Em seguida, dirigiu-se à mocidade:

— Jovens, crente usa brinco?

— Nãããão!

Olhando novamente para aquela irmã, bastante envergonhada e constrangida, o pastor disse aos diáconos:

— Tragam essa senhora aqui, pois ela precisa entregar a sua vida a Jesus!

Os diáconos, também constrangidos, cumpriram a ordem do dirigente: pegaram a senhora pelo braço e a conduziram à frente do púlpito...

Esse lamentável episódio fez-me refletir um pouco sobre a grande dificuldade que alguns líderes e pregadores têm de entender que a obra santificadora do Espírito Santo ocorre de dentro para fora, a partir de nosso espírito: "E o mesmo Deus de paz vos santifique em tudo; e todo o vosso espírito, e alma, e corpo sejam plenamente conservados irrepreensíveis para a vinda de nosso Senhor Jesus Cristo" (1 Ts 5.23).

É claro que cada denominação tem o seu padrão, em matéria de usos e costumes — e engana-se quem diz que as igrejas não devem ter isso! —, mas o pastor daquela igreja supervalorizou a aparência, sugerindo que a santificação se dá de fora para dentro, e não a partir do espírito.

O que é o evangelho farisaico?

Esse "outro evangelho" é um conjunto de dogmas humanos que se assemelham à doutrina pregada pelos fariseus (Mt 16.6), que eram formalistas, regionalistas, ritualistas, nominalistas e endeusavam as obras (Mc 8.15; At 11.26). O farisaísmo atual é um liberalismo às avessas, pois afirma que combate o pecado em todas as suas formas, porém faz isso de modo extremista, criando rígidas regras de comportamento que escravizam o crente.

No evangelho dos fariseus, centrado em leis humanas, a Bíblia é usada a bel-prazer, para justificar ensinamentos originados na cabeça de líderes que não têm a Palavra de Deus como a fonte principal de autoridade (Cl 2.8; Mt 15.9). Para eles, os usos e costumes exercem papel preponderante na manutenção da salvação.

Dizendo-se conservadores — uma coisa é dizer, e outra é ser de verdade! —, os fariseus de hoje se deixam levar pelo fanatismo. Há algumas denominações que publicam regulamentos internos com mandamentos extrabíblicos, prescrevendo até punições aos infratores. O evangelho farisaico "carrega" os salvos em Cristo de ordenanças segundo os preceitos e doutrinas de homens (Cl 2.20,22).

Corpo, alma e espírito

Muitos teólogos fazem distinção apenas entre o corpo e a alma, defendendo a chamada dicotomia.[1] Para eles, o espírito e a alma são a mesma coisa, com nomes diferentes. Porém, à luz da Bíblia, essas duas partes, conquanto intimamente ligadas, são distintas entre si, haja vista a Palavra de Deus — e somente ela —, viva e eficaz, penetrar na *divisão* da alma e do espírito (Hb 4.12).

(Há muitos animadores de auditório, em nossos dias, hábeis em emocionar os ouvintes. Usam elogios, "testemunhos" e recursos da oratória para falar à alma das pessoas. Mas "as palavras persuasivas de sabedoria humana" (1 Co 2.4) só chegam até à alma, sede de todas as emoções. Somente a Palavra de Deus atinge o espírito humano!)

O que é o corpo? É o "homem exterior", isto é, o invólucro do "homem interior" (2 Co 4.16), formado por espírito e alma. É por meio do corpo que nos relacionamos com o mundo material, mediante os cinco sentidos: visão, audição, olfato, paladar e tato.

O que é a alma? É a parte imaterial formada por cognição, afeição e volição. É por meio dela que pensamos, sentimos e somos levados a agir. Ela difere do espírito porque está relacionada diretamente com a pessoa, enquanto aquele tem a função de levar o ser humano a relacionar-se com Deus (Lc 10.27).

O que é o espírito? É a parte mais profunda e importante do ser humano, haja vista ser um canal exclusivo de comunhão com Ele. É por meio do espírito que mantemos comunhão com o Senhor e o adoramos em verdade: "Mas a hora vem, e agora é, em que os verdadeiros adoradores adorarão o Pai em espírito e em verdade, porque o Pai procura a tais que assim o adorem" (Jo 4.23).

Alma e espírito são indivisíveis, porém distintos, uma vez que uma mesma pessoa pode ter ações diferentes e simultâneas, envolvendo essas duas partes. Maria engrandeceu ao Senhor por meio da alma e alegrou-se em Deus por meio do espírito, ao mesmo tempo (Lc 1.46,47). Isaías relatou uma experiência similar: "Com a minha alma te desejei de noite e, com o meu espírito, que está dentro de mim, madrugarei a buscar-te..." (Is 26.9).

Espírito, alma e corpo, nessa ordem!

O Deus de paz nos santifica em tudo, mas devemos cooperar com Ele, pois, segundo 1 Tessalonicenses 5.23, somos nós que conservamos espírito, alma e corpo — nessa ordem — plenamente irrepreensíveis para a vinda do Senhor Jesus Cristo. A verdadeira santidade envolve, pois, tudo o que há em nós, começando pelo espírito. Uma vez santificado, o espírito influencia as outras partes, e não o contrário.

No Tabernáculo havia três partes: o santo dos santos (ou lugar santíssimo), o lugar santo e o átrio (ou pátio). Ao dar a Moisés a planta daquela tenda portátil, o Senhor começou a descrição pelo santíssimo lugar, e não pelo pátio ou pelo lugar santo (Êx 25.9-21). E era no santo dos santos onde Deus se manifestava: "E ali virei a ti e falarei contigo de cima do propiciatório, do meio dos querubins..." (Êx 25.22).

Apenas o sumo sacerdote podia entrar na principal divisão do Tabernáculo, o santo dos santos, uma vez no ano, no dia da expiação (Hb 9.7). Hoje, fazendo uma aplicação espiritual, somente Jesus, o nosso Sumo Sacerdote (Hb 4.15), pela Palavra de Deus, adentra ao "lugar santíssimo", o nosso espírito. No caso da pessoa que não serve a Jesus, esse "acesso ao santíssimo" ainda está bloqueado pelo pecado (Is 59.1,2).

Ai dos que ao mal chamam bem!

A religião farisaica era exterior na sua forma, sem qualquer piedade interior (Mt 23.25-30). Os fariseus — hipócritas — priorizavam o tremor e a aparência, em detrimento do temor e da reverência (Sl 2.11). Deus, no entanto, olha para o lado de dentro do ser humano e vê primeiramente o seu coração, e não a sua aparência (1 Sm 16.7; Lc 18.9-14).

Recebi de presente um regulamento interno de certa denominação, seguidora do evangelho farisaico. Folheando-o, encontrei ordenanças surpreendentes, acompanhadas de punições:

> *Os homens não podem usar paletó com abertura atrás nem usar salto alto. As gravatas não poderão ter cores exageradas e sua largura não poderá ultrapassar a sete centímetros. É proibido o uso de camisetas, a não ser as que possuam dizeres bíblicos.*
>
> *Os obreiros não poderão usar roupas que chamem a atenção: calças com boca acima de 24 centímetros, sem bolsos laterais ou roupas com estampas berrantes.*
>
> *Para as irmãs é permitido o uso de cinto, desde que a sua largura não ultrapasse a dois centímetros. O salto de sapato será de três centímetros. As irmãs que usarem óculos de sol ou com lentes que chamem a atenção serão punidas.*

Vivemos em uma época de valores invertidos. As coisas más são consideradas boas; e as boas, más. A Palavra do Senhor avisa: "Ai dos que ao mal chamam bem e ao bem, mal! Que fazem da escuridade, luz, e da luz, escuridade, e fazem do amargo doce, e do doce, amargo!" (Is 5.20). Muitos crentes não sabem estabelecer prioridades segundo a vontade Deus e dão maior atenção ao que é pouco relevante, deixando de lado o que é realmente necessário (1 Tm 4.8).

Jesus falou contra essa inversão de valores, praticada pelos fariseus de ontem e de hoje: "Ai de vós, escribas e fariseus, hipócritas! Pois que limpais o exterior do copo e do prato, mas o interior está cheio de rapina e de iniqüidade" (Mt 23.25). O Mestre não quis dizer com essas palavras que a aparência deve ser desconsiderada, porém deixou claro que o "homem interior" é mais importante que o "exterior".

A aparência não é importante?

Quando o Espírito Santo tem liberdade para agir em nosso espírito, santificando-o, a partir daí a nossa alma também é santificada. E, em seguida, como o corpo é controlado pela alma, a santidade é exteriorizada. O erro do evangelho farisaico é supervalorizar a santidade aparente, a do corpo, ignorando a santificação segundo a Palavra de Deus.

Se a santificação não ocorrer no interior das pessoas, não adianta nada querer mudar as suas aparências. "A aparência não é importante?", alguém perguntará. Sim, desde que não façamos dela o centro das atenções. A Palavra de Deus afirma que devemos nos abster de toda a aparência do mal (1 Ts 5.22). Por outro lado, o Senhor não quer que façamos da aparência um fim, pois isso denota falsidade e ausência de bons frutos (Mt 7.15; 2 Tm 3.5).

A Palavra de Deus, inclusive, apresenta mandamentos quanto à aparência: "Que do mesmo modo as mulheres se ataviem em traje honesto, com pudor e modéstia, não com tranças, ou com ouro, ou pérolas, ou vestidos preciosos" (1 Tm 2.9). E isso é doutrina, e não costume!

(Em tempo, muitos liberalistas têm protestado contra os homens de Deus que conservam a sã doutrina, tachando-os de extremistas e legalistas. Mas o objetivo deste capítulo é refutar o farisaísmo, e não verberar contra os pastores que têm preservado a doutrina e os bons costumes decorrentes dela.)

Na passagem acima, Paulo mencionou o penteado das mulheres, dizendo que não devem fazer tranças, levando muitas irmãs, hoje, a pensarem que o apóstolo era machista. Não se esqueçam, mulheres, que Pedro fez menção ao "frisado dos cabelos" (1 Pe 3.3). Estaria ele também contra vocês? Ora, é preciso entender esses versículos à luz da cultura oriental da época, a fim de sabermos o que tais passagens significam para nós, em nossos dias.

John L. McKenzie declarou:

> *Para nossa informação sobre estilos antigos de penteado, dependemos da arte egípcia e mesopotâmica e de alusões casuais em literatura, nenhuma das quais é fonte inteiramente satisfatória (...) Parece que as mulheres usavam cabelo solto, caindo nas costas abaixo dos ombros. Às vezes era preso por uma tira ao redor das têmporas e era usado longo com tranças ou torcido (...) Na época do NT os estilos de penteado eram quase os mesmos que no período do AT entre os judeus palestinenses (...) As mais jovens e sofisticadas preferiam um penteado mais complicado com cachos e anéis.*[2]

Não pense que as tranças e os frisados do cabelo mencionados pelos apóstolos podem ser comparados aos penteados de nossos dias! Descobertas arqueológicas recentes comprovam que os chamados frisados dos cabelos e as tranças eram verdadeiros "monumentos" a ídolos, cuidadosamente erigidos sobre a cabeça das mulheres!

Portanto, as irmãs podem ficar tranqüilas! Nas passagens em apreço, não há restrições aos penteados de hoje, a menos que, de tão exagerados, deponham contra a modéstia...

Santidade ou insanidade?

É claro que os usos e costumes — ou tradições (2 Ts 2.15; 3.6) — são importantes, porém não devem ser vistos como a *causa* da vida cristã, e sim como o *efeito* dela. Com o início da santificação interior, o crente começa a ter pensamentos bons, desejos lícitos e vontades de acordo com a Palavra de Deus. Estando o "homem interior" submisso a Cristo, não se há barreiras para que o corpo também participe do processo de santificação plena (1 Co 6.20).

Para os que seguem ao falso evangelho farisaico, tudo é pecado: usar bigode, vestir uma camisa com uma cor mais viva, e assim por diante. Certo irmão chegou a pensar que não se encontraria com Jesus, nos ares, caso Ele voltasse na hora do seu banho; isso porque certo "profeta" lhe dissera que, no Arrebatamento, os que estiverem nus ficarão!

Os seguidores desse evangelho, no passado, proibiram os crentes de usar perfume ou desodorante, alegando que todos já tinham o "bom cheiro de Cristo"; proibiram o povo de ouvir rádio, chamando esse aparelho de caixa do Diabo, etc. Proibiram até irmãs de usarem bicicleta como meio de transporte! Com o tempo, alguns desses líderes se aperceberam de que exageram e admitiram o erro, resolvendo seguir a Palavra de Deus, e não as suas invencionices.

Entretanto, ainda há muitos que permanecem defendendo preceitos e doutrinas de homens. Os pregadores do legalismo farisaico exigem dos crentes uma santidade extremada, inatingível, fanatizada e antibíblica, "... pondo sobre a cerviz dos discípulos um jugo que nem nossos pais nem nós pudemos suportar" (At 15.10). A Palavra de Deus diz: "Tu, porém, fala o que convém à sã doutrina" (Tt 2.1). E é claro que a sã doutrina, além de equilibrada, produz bons costumes.

Coando mosquitos e engolindo camelos

Jesus foi contundente ao condenar a falsa santidade, de fachada, de aparência: "Ai de vós, escribas e fariseus, hipócritas! Pois que dais o dízimo da hortelã, do endro e do cominho e desprezais o mais importante da lei, o juízo, a misericórdia e a fé; deveis, porém, fazer essas coisas e não omitir aquelas. Condutores cegos! Coais um mosquito e engolis um camelo" (Mt 23.23,24).

O que o Senhor quis dizer com essas palavras? Ele enfatizou que o farisaísmo leva as pessoas a supervalorizarem efemeridades, deixando de lado as prioridades da vida cristã. É claro que o dízimo é importante e necessário, além de ser um mandamento com promessa (Ml 3.10). Entretanto, o que adianta sermos fiéis nos dízimos e ofertas, se não atentarmos para os outros mandamentos da Palavra, desprezando o juízo, a misericórdia e a fé?

Falando em dízimo, há igrejas que fazem um verdadeiro terrorismo quanto às contribuições. Enquanto algumas apelam para a venda de produtos "abençoadores", outras se valem das ameaças e punições. O membro que não entrega o dízimo, em certas denominações, não pode sequer participar da Ceia do Senhor! Ora, conquanto haja promessas aos fiéis que ofertam, ninguém deve ser constrangido a contribuir (Êx 35.5,21,26,29).

Os fariseus desse tempo pós-moderno, à semelhança dos que andaram na terra há dois mil anos, vêem com facilidade os "ciscos" que estão nos olhos dos irmãos. Contudo, não conseguem enxergar as enormes "traves de madeira" que estão em seus próprios olhos (Mt 7.3,4). Muitos líderes preocupam-se com minúcias, porém toleram nos púlpitos de suas igrejas animadores de auditório que pregam heresias e blasfêmias!

Em Marcos 11.12-14, vemos que Jesus procurou frutos em uma figueira e só encontrou folhas. Os frutos dizem respeito ao homem interior, às obras do coração; as folhas aludem à aparência. Jesus não amaldiçoou a figueira porque não tinha folhas, e sim porque lhe faltavam frutos!

Os fariseus do presente são implacáveis em suas exigências; preocupam-se com minúcias, ignorando a sábia conclusão do concílio de Jerusalém: "Não verdade, pareceu bem ao Espírito e a nós não vos impor mais encargo algum, senão estas coisas necessárias" (At 15.28).

Eles se gabam de não ingerirem "mosquitos", que não passam em seus rigorosos "coadores". Em compensação, têm engolido "camelos"...

Fariseus, imitem Paulo!

Os fariseus do século XXI costumam ser como os que viveram no tempo em que Jesus andou na terra: donos da razão e inflexíveis (Mt 23.32-39). Paulo, que foi um fariseu (At 23.6; Fp 3.5), deu ouvidos à voz de Jesus e humilhou-se diante dEle: "Senhor, que queres que faça?" (At 9.6). Ele disse isso depois de ouvir a repreensão do Senhor, a caminho de Damasco (vv. 1-5).

Até ouvir a voz de Jesus, Paulo, também chamado Saulo (At 13.9), era truculento, inflexível e pensava que estava fazendo a vontade de Deus! Se você tem seguido ao evangelho farisaico, faça como imitador de Cristo: ouça a voz do Mestre, o qual, aliás, dirigiu uma mensagem a todos os fariseus, em Mateus 23. Neste capítulo, o Senhor enumera as características do farisaísmo de ontem e de hoje:

Os fariseus dizem uma coisa e praticam outra (v. 3).

É como se afirmassem: "Façam o que eu mando, mas não façam o que eu faço". Aprendamos com Jesus, que fazia e ensinava (At 1.1). E, por isso, pôde dizer: "Porque eu vos dei o exemplo, para que, como eu vos fiz, façais vós também" (Jo 13.15). Leia Romanos 2.21-23.

Os fariseus põem fardos pesados sobre as pessoas (v. 4).

Eles mesmos, como disse Jesus, "nem com o dedo" movem tais fardos, mas vivem exigindo que o povo siga ordenanças originadas em suas cabeças.

Os fariseus são vaidosos, soberbos (vv. 5-12).

Tudo o que fazem é para serem vistos pelos homens; amam os lugares de destaque e os títulos. Quantos hoje não agem assim? Fazem questão de exibir os seus nomes com siglas após a vírgula: "Fulano de Tal, PhD, DD, ThD". Tais "doutores" se esquecem de que o mais importante é ser um servo do Senhor Jesus Cristo! Uma sigla que eu gostaria de usar depois da vírgula é ShD — Servo humilde de Deus!

Os fariseus contribuem para a perdição de muitos (vv. 13-15).

A Palavra de Deus diz que devemos salvar a nós e aos que nos ouvem, tendo cuidado de nós mesmos e da doutrina (1 Tm 4.16).

Mas os fariseus, além de não entrarem no Reino de Deus, impedem que os seus seguidores entrem, torcendo o verdadeiro evangelho de Cristo. Tornam os seus prosélitos "filhos do inferno duas vezes". Daí Jesus ter afirmado: "... ora, se um cego guiar outro cego, ambos cairão na cova" (Mt 15.14).

Os fariseus são condutores cegos, insensatos e hipócritas (vv. 16-22).

Eles inventam ordenanças, exigindo dos fiéis uma santidade exagerada, extrabíblica, extremada, excêntrica, excessiva, ex... Que Deus tenha misericórdia deles e de seus seguidores; que a graça os alcance em tempo oportuno!

"Quem tem ouvidos ouça o que o Espírito diz às igrejas" (Ap 3.6). E quem tem olhos leia o que Jesus disse em Mateus 23!

Paulo era extremista?

Muitos afirmam que Paulo — por ter sido fariseu — era extremista, machista e iracundo. Isso porque, em suas cartas, verberou contra falsos apóstolos, maldizentes, faladores, avarentos, falsos irmãos, sodomitas, efeminados e outros grupos de pecadores. O que ele escreveu não agrada, ainda hoje, a maioria das pessoas, que prefere receber elogios a ser alertada quanto ao pecado. Mas ele teve coragem de dizer o que recebeu do Senhor (1 Co 11.23; 15.3).

O fato de as cartas paulinas conterem uma mensagem contrária à filosofia feminista não denota que o apóstolo Paulo tenha sido machista. Como atribuir tal adjetivo a quem, além de reconhecer o trabalho das mulheres (Rm 16.1,6), ordenou, conforme Efésios 5.25-28, que cada homem amasse apenas a sua própria esposa? Um machista não apoiaria a fidelidade conjugal, tampouco estimularia os homens a amarem as mulheres.

Não podemos também interpretar a contundência de Paulo, ao defender a verdade do evangelho, como uma postura irascível ou sem amor. Quem defende uma causa relevante tem de ser ousado, enérgico e convincente o bastante para persuadir os ouvintes (At 9.22; 18.13). Ninguém consegue isso com uma postura "política" ou com "jogo de cintura" (At 23.3; 26.24-28).

Apesar de sua intrepidez, Paulo era amável e, em suas epístolas, demonstrou o quanto se importava com os seus irmãos em Cristo (1 Co 16.24; Fp 1.24). Em 2 Coríntios 2.4, ele afirmou: "Porque em minha tribulação e angústia do coração vos escrevi, com muitas lágrimas, não para que vos entristecêsseis, mas para que conhecêsseis o amor que abundantemente vos tenho".

As feministas — inclusive no meio evangélico — e os adeptos da comunidade GLBTS[3] combatem com veemência o evangelho que Paulo pregava. Tentam desqualificá-lo, chamando-o de preconceituoso e extremista. No entanto, ele estava em total sintonia com Deus, a ponto de ter o privilégio de visitar o Paraíso e ouvir palavras inefáveis (2 Co 12.1-4).

Como a Palavra de Deus afirma que Paulo foi um vaso escolhido por Jesus para levar o seu nome diante dos gentios, e dos reis, e dos filhos de Israel (At 9.15), o adjetivo "extremista" não cabe a ele. Deus não contaria com alguém que tivesse tal postura. Daí ser preferível chamá-lo de "conservador", conquanto essa palavra também seja muito mal-compreendida em nossos dias.

Conservador, eu?

Muitos crentes têm aversão ao adjetivo "conservador", associando-o a farisaísmo, legalismo, fanatismo e posturas extremistas quanto a usos e costumes. Pensam que o conservador é aquele crente estereotipado, inimigo de tudo o que é novo, que parece viver em seu "mundinho", como se pertencesse a uma religião ascética (cf. Cl 2.23, ARA). À luz da Palavra de Deus, todo salvo deve ser conservador — mas conservador, mesmo!

Conservar não significa ter uma falsa santidade, que faz dos usos e costumes uma *causa*, e não um *efeito*, como vimos. A observância à sã doutrina leva-nos a ter santidade interna e externa. Em 2 Timóteo 1.13, está escrito: "Conserva o modelo das sãs palavras que de mim tens ouvido, na fé e na caridade que há em Cristo Jesus".

Na Bíblia, há mandamentos para guardarmos o que temos recebido do Senhor (1 Tm 6.20; 2 Tm 1.14). Para as igrejas da Ásia que estavam agradando ao Senhor Jesus, Ele transmitiu mensagens que implicavam manutenção do que haviam recebido de Deus (Ap 2.25; 3.11).

O verdadeiro conservador não segue ao evangelho farisaico, pois não é fanático, nem se opõe a tudo o que é novo (Ec 7.16,17; 1 Ts 5.21). E Deus, nesses últimos dias, quer que conservemos o modelo das sãs palavras (Jo 14.23; Ap 1.3; 3.8; Sl 119.11), a santidade e a pureza (Ap 3.4), a boa consciência (1 Tm 1.19; 3.9), a fé (2 Tm

4.7,8) e, sobretudo, o poder do Espírito Santo: "Não apagueis o Espírito" (1 Ts 5.19, ARA).

Não sejas demasiadamente...

Ser conservador não é ter aparência de piedade (Cl 2.20-22), tampouco isolar-se da sociedade. Jesus, o Homem mais santo que andou na terra, não se afastava dos pecadores (Lc 5.32; Jo 2.1-11). Ele ensinou que a nossa luz deve brilhar em meio às trevas: "Assim resplandeça a vossa luz diante dos homens, para que vejam as vossas boas obras e glorifiquem o vosso Pai, que está nos céus" (Mt 5.16).

Cabe ao conservador reter o bem (1 Ts 5.21). As verdades da Palavra de Deus são inegociáveis. Não obstante, há estratégias lícitas de evangelização que alguns rejeitam pensando estar sendo conservadores. Lembre-se de que Paulo se valeu de todos os meios — que convinham, é claro (1 Co 6.12) — para chegar a salvar alguns (1 Co 9.22).

Há muitos líderes extremistas que continuam pregando o falso conservadorismo farisaico. Fuja disso! A Palavra do Senhor diz: "Não sejas demasiadamente justo, nem demasiadamente sábio; porque te destruirias a ti mesmo? Não sejas demasiadamente ímpio, nem sejas louco; porque morrerias fora de teu tempo?" (Ec 7.16,17).

Conserve a verdade; guarde e cumpra a Palavra de Deus (Jo 14.23; Ap 3.8,10). Não seja extremista, exigindo dos outros uma santificação inatingível. Deus respeita as nossas limitações, como disse o salmista, inspirado pelo Espírito: "... ele conhece a nossa estrutura; lembra-se de que somos pó" (Sl 103.14).

Retira o teu pé do mal!

Enquanto alguns afirmam que têm liberdade para fazerem o que bem entendem, deixando de observar a santificação plena, outros dizem que tudo é pecado. Não se esqueça de que os mandamentos de Deus não são pesados (1 Jo 5.3), a sua vontade é agradável (Rm 12.2), e o seu fardo é leve (Mt 11.30).

O autêntico evangelho de Cristo conduz-nos ao equilíbrio, e não aos extremos. Infelizmente, o ser humano tem uma queda para os extremos. No meio evangélico, vemos, com tristeza, que muitos, com ojeriza do farisaísmo, partem para o liberalismo; e outros, indignados com tanto mundanismo, abraçam o legalismo.

Muitos vivem hoje nas extremidades, e poucos encontram o caminho do equilíbrio. De um lado, líderes, pregadores e crentes em geral, seguidores do evangelho farisaico, condenam pessoas sem misericórdia. De outro, estão aqueles que desprezam a sã doutrina; que "vivem e deixam viver". Qual deve ser a nossa postura, nesses tempos trabalhosos?

Nas páginas sagradas, encontramos uma mensagem equilibrada, ponderada, sem exageros. Em Provérbios 4.26,27, está escrito: "Pondera a vereda de teus pés, e todos os teus caminhos sejam bem ordenados! Não declines nem para a direita nem para a esquerda; retira o teu pé do mal".

Embora não exija nada além do que o homem pode fazer, a Palavra do Senhor também não ensina as pessoas a viverem uma vida libertina, sem regras. Porém, as mensagens pregadas em nossos dias, ou enfatizam a "santidade", ou exageram na "liberdade" — ambos os termos estão entre aspas porque a Bíblia apresenta a verdadeira santidade e a autêntica liberdade, em Cristo.

Nesses últimos dias, o melhor é ser guiado pela Palavra de Deus (Sl 119.105), e não pelos homens. Não estou dizendo que todos os pastores e igrejas são tendenciosos ao extremo. Há obreiros e igrejas de Deus que têm discernimento pela Palavra do Senhor, como os crentes de Beréia e de Tessalônica (At 17.10,11; 1 Ts 2.13,14).

O salmista disse: "Faze-me andar na verdade dos teus mandamentos..." (Sl 119.35). Se você ainda não escolheu o caminho da verdade (v. 30), faça isso, a fim de que encontre descanso para a sua alma (Jr 6.16), pois esse "... é o caminho; andai nele, sem vos desviardes nem para a direita nem para a esquerda" (Is 30.21).

Mas, falando em extremismo, que tal conhecermos agora o farisaísmo às avessas? Se no evangelho em apreço vê-se o pecado em tudo e todos, na outra extremidade há um evangelho em que nada é proibido nem pecaminoso; é proibido proibir. Você gostaria de conhecer mais esse evangelho que Paulo nunca — mas nunca mesmo — pregaria? No próximo capítulo.

[1] A dicotomia é a teoria pela qual se afirma que o ser humano é formado por duas partes: corpo e alma. Opõe-se à tricotomia, teoria baseada em 1 Tessalonicenses 5.23 e Hebreus 4.12, passagens que não deixam dúvidas quanto à tripartição humana.

[2] McKENZIE, John L., *Dicionário Bíblico*, Paulus, pp. 128,129.

[3] GLBTS — *Gays*, lésbicas, bissexuais, transexuais e simpatizantes.

Capítulo

8

Adoração Extravagante

O evangelho do entretenimento

Que fareis, pois, irmãos? Quando vos ajuntais, cada um de vós tem salmo, tem doutrina, tem revelação, tem língua, tem interpretação. Faça-se tudo para edificação.

1 Coríntios 14.26

Nunca o mundo esteve tão religioso, e as igrejas tão mundanas. Não se faz mais distinção entre *shows* e cultos de "adoração". Em algumas reuniões, os jovens utilizam gritos característicos das torcidas de futebol, como "Ê-ô, ê-ô, Jesus Cristo é o Senhor!" ou "Eu já falei, vou repetir, é Jesus Cristo que comanda isso aqui!", além de dançarem ao som de ritmos para lá de vibrantes.

Há igrejas cujo púlpito é uma prancha de *surf*, freqüentadas por jovens que, nos "cultos", vestem bermudas, calçam chinelos de dedo, além de exibirem tatuagem e *piercing*. Para arrecadar fundos extras, algumas denominações realizam festas similares às juninas, permitindo que seus membros dancem quadrilha no "arraiá evangélico". E há até igrejas que promovem uma espécie de Halloween — dia das bruxas —, alterando o nome para Elohin!

O que é o evangelho do entretenimento?

O evangelho do entretenimento tem transformado os cultos a Deus em meros ajuntamentos para gritar, pular, dançar, assobiar, fazer "trenzinho", cantar, cantar e cantar. Trata-se de um evangelho "sem limites", que pode ser comparado ao "fermento" de Herodes (Mc 8.15) — os herodianos eram liberalistas, modernistas, secularistas, irreverentes e contextualizadores.

Nos "cultos-shows" não há espaço para a exposição da Palavra de Deus. Em muitas dessas reuniões de "adoração extravagante" — expressão muito em voga na atualidade —, a pregação, quando ocorre, é uma rápida palestra motivacional, voltada para o bem-estar dos espectadores, e não uma exposição da sã doutrina. Tudo é feito a fim de agradar e entreter a "galera".

Fico imaginando como Paulo reagiria, em seu tempo, se os crentes fossem aos cultos em busca de entretenimento. Ele, que sempre combateu a desordem, deu as seguintes instruções sobre a Ceia do Senhor: "... se alguém tiver fome, coma em casa, para que vos não ajunteis para a condenação" (1 Co 11.34). E, quanto aos dons espirituais, enfatizou: "... faça-se tudo decentemente e com ordem" (1 Co 14.40).

Muitos músicos, em nossos dias, orientados pelos propagadores desse falso evangelho — essencialmente comercial e também voltado para as preferências humanas —, imitam os intérpretes mundanos, secularizando cada vez mais a liturgia do culto. Mas Deus não mudou; a sua Palavra é a verdade. E nela está escrito: "Guarda o teu pé, quando entrares na Casa de Deus..." (Ec 5.1).

Comecemos pela música

É impossível imaginar o mundo sem a música. Ela está presente em todos os lugares: rádio, televisão, cinema, discotecas, atividades políticas e cívicas, eventos sociais ou desportivos, comemorações, funerais, etc. A música, além de ser a linguagem universal da humanidade, é uma ciência e uma arte. Daí o salmista ter dito: "... tocai bem [técnica] e com júbilo [arte]" (Sl 33.3).

O vocábulo latino *musica* vem do grego *mousiké*, "a arte das musas". Na mitologia grega, há nove musas que patrocinam as ciências e as artes: *Calíope* (poesia épica), *Clio* (história), *Euterpe* (música), *Melpômene* (tragédia), *Talia* (comédia), *Urânia* (astronomia), *Érato* (poesia amorosa), *Terpsícore* (dança) e *Polímnia* (hinos).

Segundo os dicionários da língua portuguesa, a música é a arte e a técnica de combinar sons de maneira agradável ao ouvido. Agradável, não em relação ao gosto musical, mas no que diz respeito aos bons efeitos que ela deve causar ao ouvido humano. Para isso, a música precisa ser composta de emissões vibratórias com freqüências bem definidas, que podem ser captadas pelas limitações fisiológicas do ouvido.

Para o seguidor de Cristo, a música é muito mais que uma ciência, uma arte ou uma forma de expressão. É um meio pelo qual se adora ao Senhor, seja através dos cânticos, seja mediante a execução de instrumentos (Sl 150). Como servos de Deus, devemos cantar ao Senhor um cântico novo e adorá-lo na beleza de sua santidade (Sl 96.1,9).

Acredite se quiser!

Estilos musicais como o *rock* exigem um elevado volume de som. E o nosso ouvido não suporta altos níveis de ruído. Como a intensidade de som — medida em decibéis — aumenta de forma logarítmica, e não aritmética, um simples aumento de três decibéis implica dobrar a intensidade do som. Como comparativo, um aspirador de pó chega a produzir oitenta decibéis; já uma turbina de avião, 120.

Já se constatou, por meio de estudos científicos, que o ouvido humano pode suportar, sem prejuízo auditivo, as seguintes taxas: a 111 decibéis, quase quatro minutos; a 120, cerca de 28 segundos; a 129, quase quatro segundos; e a 138 decibéis, o ouvido suportaria menos da metade de um segundo![1] Não é por acaso que há várias pessoas com deficiência auditiva.

Em algumas cidades brasileiras, as reclamações a respeito do barulho nas igrejas são tantas, que levaram as prefeituras a obrigar as instituições e espaços destinados a cultos religiosos a ter dispositivos de proteção acústica (bloqueadores de ruídos), prometendo multar, cassar licença, retirar equipamentos sonoros ou até fechar os estabelecimentos em que o barulho ultrapassasse os limites para cada zona e horário. Devemos encarar isso como uma perseguição aos evangélicos?

Alguns estilos são hipnóticos — isso em razão da pouca variação rítmica e da repetição de palavras, que criam um estado emocional tal que a mente deixa de funcionar normalmente. Há experiências sérias sobre hipnose e ritmo que comprovam o quanto certos estilos podem destruir o mecanismo inibitório normal do córtex cerebral, permitindo fácil aceitação da imoralidade, bem como o desrespeito de normas morais.[2]

A guitarra rítmica, quando distorcida, confere carga emocional e agressividade à música. A guitarra solo, ao acentuar os sons graves e reforçar os agudos, prolongando-os, gera suspense, tensão e expressividade adequados para levar os ouvintes ao delírio. E a bateria, quando tocada de modo exagerado, tira do ouvinte a capacidade de raciocinar normalmente. Acredite se quiser!

Salmos, hinos e cânticos espirituais

Em Colossenses 3.16, está escrito: "A palavra de Cristo habite em vós abundantemente, em toda a sabedoria, ensinando-vos e admoestando-vos uns aos outros, com salmos, hinos e cânticos espirituais; cantando ao Senhor com graça em vosso coração".

Salmos — eram os mesmos contidos no Antigo Testamento, transformados em hinos de adoração.

Hinos — eram as composições de louvor a Deus e ao Senhor Jesus Cristo cujas letras não tinham sido extraídas do livro de Salmos.

Cânticos espirituais — englobavam uma gama maior de composições líricas, inclusive os outros dois tipos mencionados. Considerando que cântico é o encontro entre a voz, a música e a letra, quando esses três elementos são consagrados a Deus e aceitos por Ele, temos um cântico espiritual.

Para termos a certeza de que o Senhor se agrada de um cântico (voz, música e letra), devemos submetê-lo ao crivo de Filipenses 4.8. É verdadeiro? É honesto? É justo? É puro? É amável? É de boa fama? Há nele alguma virtude e algum louvor? Tudo o que fazemos deve ser para a glória de Deus (1 Co 10.31).

É boa a fama do *rock*? Desde a sua origem, esse estilo está relacionado com imoralidade, drogas, ocultismo e violência. Basta lembrarmo-nos do *slogan* "Sexo, drogas e rock and roll". E o que dizer de estilos como *funk*, *reggae*, *axé*, *hip-hop*, samba e forró? Procure conhecer um pouco da história desses estilos antes de pensar que sou extremista.

Melodia, harmonia e ritmo, nessa ordem!

Existem três maneiras de se ouvir música:

Com o corpo — quem ouve com o corpo se deixa dominar pelo "embalo" da música.

Com a emoção — quem ouve emotivamente permite que a música comande os seus sentimentos e emoções.

Com o intelecto — essa é a forma correta de se ouvir, sabendo discernir a música. E isso só é possível quando não se prioriza o ritmo. O culto a Deus deve ser espiritual e, ao mesmo tempo, racional (Jo 4.24; Rm 12.1; 1 Co 14.15).

Muitos crentes cantam e tocam sem louvar ao Senhor, como acontecia nos dias do profeta Isaías (29.13). As palavras de louvor devem nascer em um coração preparado (Sl 57.7), mas somente as letras cristãs ou bíblicas não são suficientes para tornar um cântico apropriado para o louvor. Lembre-se de que o cântico só é espiritual quando todos os seus elementos (voz, letra e música) o são.

A música é formada por três elementos:

Melodia — sucessão ascendente e descendente de sons a intervalos e alturas variáveis, formando um fraseado; é adornada pela harmonia e acentuada pelo ritmo, embora possa ser compreendida isoladamente.

Harmonia — combinação de sons simultâneos, emitidos no mesmo instante, tendo como base a tonalidade; e como princípio gerador a estrutura do acorde.

Ritmo — sucessão regular de tempos fortes e fracos cuja função é estruturar uma obra musical.

Esses três elementos, intrínsecos na música, se relacionam com o homem, que também é tripartido: espírito, alma e corpo. Nesse caso, o elemento mais importante da música, a melodia, relaciona-se com a parte mais profunda do ser humano, o seu espírito. E assim por diante.

Assim, o estilo musical apropriado para o cântico de adoração é o que tem como essência a melodia, pois é ela que se relaciona com o espírito (Jo 4.23,24). Há estilos carregados de agressividade e barulho, que apenas balançam o corpo, e não o coração, porque são rítmicos ao extremo; isto é, priorizam o ritmo, e não a melodia.

Melodia — relaciona-se com o espírito.
Harmonia — relaciona-se com a alma.
Ritmo — relaciona-se com o corpo.

Infelizmente, é uma tendência do ser humano inverter as prioridades. De acordo com 1 Tessalonicenses 5.23, Deus nos santifica a partir do espírito. Mas muitos ignoram isso e, como se o versículo dissesse: "corpo, alma e espírito", priorizam o corpo. Meditemos no que Paulo, inspirado pelo Espírito, disse aos gálatas: "Sois vós tão insensatos que, tendo começado pelo Espírito, acabeis agora pela carne?" (Gl 3.3).

Música profana na Casa de Deus?

Conquanto a música, uma das primeiras artes da civilização, seja atribuída a Jubal, filho de Lameque (Gn 4.21), ela teve origem no Criador (Jó 38.7). Os seres angelicais ocupam-se da adoração a Deus por meio da música (Lc 2.13,14; Ap 5.7-14). Na terra, o cântico com música sacra é uma das tarefas mais sublimes dos servos do Senhor (Sl 149.1). E o louvor continuará sendo executado por toda a eternidade: "... o seu louvor permanece para sempre" (Sl 111.10).

Entretanto, nesses últimos dias, até a música secular está corrompida. Estilos românticos, sentimentais, artísticos e folclóricos dão lugar a agressivos, frenéticos, lascivos e erotizantes, como o *funk* dos morros cariocas e o *axé* baiano. Essa deturpação diabólica, infelizmente, atinge as igrejas. E a música sacra vem sendo submetida a uma dessacralização — isso é uma forma de apostasia da fé (1 Tm 4.1).

Dessacralização é o ato ou o efeito de subtrair o caráter sagrado. É sinônimo de profanação (2 Tm 3.2; Hb 12.16). No caso da música sacra, é desprovê-la dos elementos relacionados com o louvor a Deus, tornando-a vulgar, secular, mundana, como qualquer outra, chamando a atenção para os músicos e cantores, e não para Jesus, o único digno de louvor (Sl 48.1). Lembre-se de que o Senhor habita entre os louvores, e não entre os cantores e músicos (Sl 22.3).

Embora Deus seja o autor da música, isso não significa que todos os estilos musicais sejam dEle. A música é como o alfabeto. Por meio dele escrevem-se — com as mesmas letras — mensagens boas ou ruins; cristãs ou satânicas. Da mesma forma, compõem-se, com as mesmas notas, músicas próprias para o louvor ou impróprias; sacras ou profanas.

Joanyr de Oliveira, com muita criatividade, abordou essa questão da dessacralização da música:

> *A casa de Deus, Música Profana, não lhe pertence, não é o seu lugar. Seu lugar é nos palcos, nos auditórios de emissoras, nos vídeos, mas nunca e nunca nos templos onde se devem ouvir límpidos cânticos espirituais e harmonias solenes e inspiradoras ao louvor de Deus, "na beleza da sua santidade"...*
>
> *Por enquanto ainda somos compelidos (e constrangidos) a lhe dirigir parabéns pelos seus extraordinários triunfos, Música Profana. Mas Deus há de permitir que, em futuro próximo, possamos dizer alto e bom som: A Igreja do Senhor venceu a Música Profana, que retornou aos salões de baile e aos auditórios seculares, de onde nunca deveria ter saído.*[3]

Vale tudo?

Uma das desculpas para se usar músicas "pesadas" é a de que elas atraem a juventude. De fato, a música é uma ferramenta poderosa para a comunicação do evangelho (Sl 105.2; 1 Pe 2.9). Todavia, ao se empregar estilos como *rock*, *funk*, *reggae*, forró, etc, a mensagem é comunicada da forma como as pessoas *querem* ouvi-la, e não da maneira como *precisam* ouvi-la. Lembre-se de que Jesus disse: "... negue-se a si mesmo" (Lc 9.23).

Se, por um lado, as músicas "pesadas" atraem, por outro, devido às suas características, impedem que a mensagem chegue clara aos ouvidos das pessoas. John Blanchard, ao falar sobre o poder hipnótico do *rock*, disse:

> *Qualquer meio de apresentação que induza à perda do autocontrole ou consciência e torne o ouvinte incomumente susceptível a quaisquer sugestões feitas pela letra da música é certamente perigosa, e acabará por estimular uma resposta, em larga escala, psicológica, em vez daquilo que Deus requer, que o adoremos "em espírito e verdade" (João 4:24).*[4]

Muitos jovens podem até ir à frente de um palanque ou seguir a carros de som, por causa dos estilos musicais e das danças ali apresentadas. No entanto, conforme se infere de 1 Coríntios 14.26, o louvor (salmo) deve servir de preparação para a exposição da Palavra de Deus (doutrina).

Os defensores do evangelho do entretenimento afirmam que o mundo mudou, e as pregações modernas devem se adaptar às mudanças que vêm ocorrendo. O suposto embasamento para isso está em 1 Coríntios 9.22: "Fiz-me tudo para todos, para por todos os meios chegar a salvar alguns".

Não podemos, entretanto, interpretar essa frase de Paulo de forma exagerada, valendo-nos dela para justificar toda e qualquer atitude. O próprio apóstolo não se fez judaizante para ganhá-los; antes, reprovou a atitude de Pedro, que agira de forma "política" em relação a eles (Gl 2.14). Todas as coisas nos são lícitas, mas nem todas convêm (1 Co 6.12).

É preciso pular dentro de um buraco para tirar alguém de lá? Ora, para ganhar os apreciadores de *funk* não é necessário agir como eles. Para alcançar os sambistas não é preciso sambar no carnaval. Não é a identificação com o mundo que convence os pecadores, e sim a ação do Espírito (Jo 16.8). Quando nos associamos ao mundo, perdemos a nossa identidade de povo separado (2 Co 6.14-17). Devemos ser sociáveis, e não complacentes ou coniventes com o pecado (Sl 1.1).

Não devemos nos isolar das pessoas, dando a entender que somos perfeitos em absoluto (Fp 2.15). Isso, inclusive, as irrita. No entanto, quando o mundo dá um passo em nossa direção, e nós o abraçamos, aceitando passivamente os seus entretenimentos, como poderemos mudar a sociedade? Uma igreja que faz as pazes com o mundo não consegue mudá-lo.

Por isso, os salvos em Cristo devem ter um diferencial, a fim de que haja o contraste entre a luz e as trevas (Mt 5.14-16). Por que Jesus reprovou a igreja de Laodicéia? Porque não era nem fria nem quente (Ap 3.15,16); isto é, não exercia nenhuma influência sobre a sociedade. E você, é um crente frio, quente ou morno?

Ah... Deus não gosta de *shows*?

Os *shows* se caracterizam por som alto e dançante, luzes coloridas, gelo seco, roupas extravagantes ou sensuais, paquera, linguagem chula, dança e muita diversão. Por incrível que pareça, há cultos ditos evangélicos em que toda essa parafernália está presente! Torna-se cada vez mais comum o emprego de elementos característicos dos *shows* em cultos "evangélicos".

Em um artigo intitulado *Show não é culto*, o pastor Martim Alves da Silva, da Assembléia de Deus em Mossoró, Rio Grande do Norte, afirmou:

> *No culto, a pessoa mais importante é Deus; no show, é o artista. No culto a Deus ninguém paga, no show a entrada é mediante pagamento. No culto, Deus está presente; no show, Deus se faz ausente, pois sua glória não dá a outrem. No culto, o ministro de Deus soleniza as celebrações; no show, o apresentador é condescendente à desenfreada desordem. No culto, o povo glorifica a Deus; no show, só gritos e assobios para o artista. No culto, o povo reverencia a Deus em adoração; no show, só há bagunça incontrolável.*[5]

Como deve ser o verdadeiro culto a Deus? Deve caracterizar-se pelos elementos apresentados em 1 Coríntios 14.26: "Que fareis, irmãos? Quando vos ajuntais, cada um de vós tem salmo, tem doutrina, tem revelação, tem língua, tem interpretação. Faça-se tudo para edificação". Não está escrito: salmo, salmo, salmo, salmo e salmo! Está escrito: salmo (cântico), doutrina (Palavra de Deus), revelação, língua e interpretação (dons do Espírito).

Nos dias do rei Ezequias, houve um grande avivamento na área do louvor (2 Cr 29). Ele começou a reinar em Judá aos 25 anos e fez o que era reto aos olhos do Senhor: abriu as portas da Casa de Deus, ajuntou os sacerdotes e levitas, ordenou que todos se santificassem, celebrou a páscoa, etc. (vv. 2-20).

O louvor a Deus, naqueles dias, possuía as seguintes características:

Deus no controle. O louvor e a música davam-se por mandado do Senhor, e não por iniciativa humana (v. 25).

Ordem. Tudo era feito com ordem e decência (v. 26).

Submissão. Os músicos e cantores obedeciam ao líder (v. 27).

Preparação. Todos estavam preparados para o louvor (v. 27).

Reverência. Havia muita reverência, prostração e adoração profunda no momento do louvor a Deus (vv. 28-30).

Renovação. Não havia espaço para as más inovações e as imitações do mundo. Todos louvavam a Deus com as palavras de Davi e de Asafe, recuperando o que haviam perdido ao se distanciarem do Senhor (v. 30). Ao contrário do que muitos pensam, renovação implica reconquistar o que foi perdido, e não buscar inovações contrárias ao que havíamos recebido (Lm 5.21; Pv 24.21; Jr 6.16).

Alegria. Muita alegria (v. 30). Não era uma alegria carnal, com liberdade de movimentos corporais; todos estavam inclinados, prostrados diante de Deus.

Tenhamos, pois, temor e tremor na Casa do Senhor (Sl 2.11). Deus quer de nós o "culto do coração", e não o "culto da carne em ação" (Is 29.13). O templo não é um lugar para desfiles de celebridades, danças, "trenzinhos", luzes coloridas, som "pesado", assobios, etc. Não se precipite em pensar que estou sugerindo que os nossos cultos sejam reuniões sem vida, similares às missas. Não! Porém, precisamos ter reverência na Casa de Deus (Mt 21.1-13).

Adoração extravagante?

Segundo o *Dicionário Michaelis*, "extravagância" significa: "Qualidade daquele ou daquilo que é extravagante; excentricidade; esquisitice; estroinice; dissipação; libertinagem". Mas o adjetivo "extravagante" tem sido usado para definir aquela "adoração espiritual" sem amarras, livre, que permite todos os estilos musicais, danças, coreografias, gritos frenéticos, assobios, etc., desde que o coração dos cantores, músicos e dançarinos estejam voltados para Deus.

De acordo com Robert L. Brandt, a palavra "adoração" denota "reverência", "temor do Senhor" e "veneração". Trata-se de uma demonstração de grande amor, devoção e respeito; implica homenagear a Deus.[6] A adoração estabelece o tom para o louvor, fazendo aquele que está cantando fixar o pensamento na Pessoa a quem se dirige e considerar os seus atributos e interesses.

Há como "casar" adoração e extravagância? É claro que essa expressão, em decorrência da secularização de muitas igrejas, é mais do que aceita no meio evangélico. Contudo, gostaria que você refletisse um pouco sobre a grande incompatibilidade que há entre esses dois elementos.

Não julgo se os executores de tal "adoração extravagante" são ou não crentes espirituais. Tampouco os julgo quanto à sua convicção interior. Mas é bom lembrar que os homens-bomba, seguidores do Islã, também matam e matam-se cheios de certeza. Por isso, precisamos refletir com base no que a Bíblia diz, e não à luz de nossas preferências ou convicções pessoais.

Alguns pretensos ministros de louvor — ou de entretenimento? —, tal como os animadores de carnaval, em cima de trios elétricos, têm divertido a "moçada". Uma influente líder de adoração declarou à revista *Veja*: "Nós não fazemos entretenimento. Queremos que as pessoas se divirtam, mas louvando ao Senhor, e não a nós".[7] Confesso que admiro em parte o trabalho dessa jovem compositora, porém a sua declaração foi infeliz. O louvor a Deus nunca deveria produzir diversão!

De acordo com a Bíblia, toda a gritaria deve ser tirada do nosso meio (Ef 4.31), exceto as palavras de glorificação a Deus (Sl 29.9). Jesus disse que a verdadeira adoração deve ser "em espírito" (Jo 4.23,24). Ou seja, ela não é, em essência, uma manifestação do corpo, e sim do coração (Sl 57.7; Ef 5.19; Cl 3.16). O que agrada a Deus, antes de tudo, é o espírito quebrantado, e não as manifestações sonoras ou gestuais (Am 5.23; Is 29.13).

Se a adoração não é uma manifestação exterior, e sim do interior, como associá-la à liberdade de movimentos do corpo? A posição corporal que denota submissão e adoração a Deus, em espírito, não deve ser extravagante, e sim reverente: "E Esdras louvou o SENHOR, o grande Deus; e todo o povo respondeu: Amém! Amém!, levantando as mãos; e inclinaram-se e adoraram o SENHOR, com o rosto em terra". Que tal substituir "adoração extravagante" por "adoração reverente"?

Dançar ou não dançar? Eis a questão!

As danças (não apenas a coreografia, que também é uma forma de dança) já fazem parte da liturgia de muitas igrejas. Para alguns pastores e ministros de louvor o culto a Deus não seria completo sem essas manifestações corporais. "Os mandamentos de Salmos 149.3 e 150.4", justificam, "são mais do que claros. Além disso, Miriã e Davi dançaram".

Devemos analisar as referências acima com cuidado, à luz do contexto do Antigo Testamento, levando em conta os destinatários originais, os israelitas: "Alegre-se Israel naquele que o fez, regozijem-se os filhos de Sião no seu Rei" (Sl 149.2). Além disso, o termo hebraico empregado em ambas as passagens foi traduzido para "flauta", em algumas versões da Bíblia. Não há, pois, nessas passagens apoio à introdução de danças no culto a Deus.

A dança, para os israelitas, sempre esteve associada à alegria, figurando como o contrário de pranto (Ec 3.4; Lm 5.15). Quando o povo de Israel atravessou milagrosamente pelo meio do Mar Vermelho, a alegria da profetisa Miriã foi tão grande, que tomou um tamborim e pôs-se a dançar (Êx 15.20). A filha de Jefté, sabendo da vitória que Deus concedera a seu pai, recebeu-o com adufes e danças (Jz 11.34). E Davi ficou tão alegre com o retorno da arca do Senhor, que também dançou (2 Sm 6.14).

Em Salmos 9.2, está escrito: "Em ti me alegrarei e saltarei de prazer, cantarei louvores ao teu nome, ó Altíssimo". Este versículo mostra que podemos, em momentos de extrema alegria, saltar de prazer na presença de Deus. Mas a "adoração" que temos visto em nossos dias não tem nada de espiritual. Os jovens agem como se estivessem em um baile mundano, sem nenhuma reverência.

Miriã, Davi e outros dançaram e saltaram num momento de extrema alegria, de felicidade incontrolável. É plenamente compreensível o fato de uma pessoa dançar (do grego *orcheõ*, "saltar com regularidade de movimento")[8] de felicidade, como aconteceu com o ex-coxo que ficava à entrada do Templo, em Jerusalém (At 3.8). Entretanto, movimentar-se num momento de grande alegria não equivale, em hipótese alguma, a dançar sob ritmos eletrizantes.

"E o ministério da dança?" — alguém poderá perguntar.

Ministério da dança?

Em todo o Antigo Testamento, não há menção à dança acompanhada de música dentro do Templo. Até mesmo Davi, que teve a iniciativa de dançar ao recuperar a arca do Senhor (2 Sm 6.16), em nenhum momento incentivou essa prática. Ele e Asafe organizaram o ministério do louvor com músicos e cantores (2 Cr 25.1-7).

Se Davi e Asafe — considerados os principais artífices da organização primitiva da música cultual — acreditassem que a dança, de fato, era importante no culto, teriam estabelecido cantores, músicos, dançarinos, coreógrafos...

Ao falar da adoração, Jesus apenas disse: "Deus é Espírito, e importa que os que o adoram o adorem em espírito e em verdade" (Jo 4.24). Paulo falou do dever universal de louvar a Deus nos seguintes termos: "Louvai ao Senhor, todos os gentios, e celebrai-o, todos os povos" (Rm 15.11). O autor de Hebreus, ao mencionar o sacrifício de louvor, nada falou sobre dança (Hb 13.15). E Tiago se limitou a dizer que, quando nos sentirmos alegres, devemos cantar louvores (Tg 5.13).

João, que contemplou um pouco da adoração celestial, não viu nenhuma forma de louvor com dança (cf. Ap 4; 5), a menos que alguém queira entender como uma coreografia a movimentação reverente dos 24 anciãos que se prostraram diante do Senhor, dizendo: "Digno és, Senhor, de receber glória, e honra, e poder, porque tu criaste todas as coisas, e por tua vontade são e foram criadas" (Ap 4.11).

Nas páginas do Novo Testamento, os Evangelhos mencionam a dança da filha de Herodias perante o perverso Herodes (Mt 14.6; Mc 6.22) e as analogias de Jesus em que as danças simbolizam alegria (Mt 11.17; Lc 15.25). Essas ocorrências também não servem de base para se introduzir qualquer tipo de dança na Casa do Senhor.

Como tem sido a sua atitude em relação à dança? Você se aproveita de passagens interpretadas fora de contexto para "curtir" todos os estilos musicais e dançar, inclusive dentro da Casa de Deus, sem peso na consciência? O que vale é o que você pensa e a sua vontade de dançar? Não se importa em fazer isso? Receio que você não esteja em conformidade com a vontade de Deus. E isso não é nada bom. Ou você não se preocupa com isso?

É proibido proibir

O evangelho do entretenimento não se restringe a música profana e *shows* — estes são apenas reflexos da falta de compromisso com a sã doutrina. Também não existe nenhuma restrição ou orientação pastoral aos seguidores desse evangelho quanto à linguagem, ao traje e ao comportamento. É proibido proibir. Chamam as proibições constantes da Bíblia de legalismo, fanatismo, etc.

Há alguns anos, uma influente líder evangélica, em uma entrevista a um jornal de São Paulo, disse o que pensava sobre os jovens manterem relações sexuais antes do casamento: "Casei virgem e sou feliz. Biblicamente, é o que Deus ensina. Não vou dizer que sou contra, mas é meu conselho". Não é difícil perceber que essa declaração foi dúbia e infeliz — sugere, de modo sutil, contrariando as Escrituras, que um casal pode relacionar-se sexualmente antes do casamento (1 Co 7.8,9; 6.18-20).

Essa conhecida líder explicou ao jornal o motivo de ter resolvido fundar uma nova igreja: "Entrou um pastor muito doido...", referindo-se ao dirigente da igreja que freqüentava; "... a gente saiu para curtir esse Deus do nosso jeito". Observe como ela definiu com precisão o que é o evangelho do entretenimento; trata-se de um sistema de crença que se amolda aos desejos humanos: "curtir Deus do nosso jeito".

Em Gálatas 5.1, está escrito: "Estai, pois, firmes na liberdade com que Cristo nos libertou e não torneis a meter-vos debaixo do jugo da servidão". Os crentes que seguem o evangelho do entretenimento invertem a tônica dessa passagem, interpretando-a como uma autorização para agirem livremente. Em vez de autorizar a adoção de costumes mundanos, que outrora praticávamos, a Palavra de Deus enfatiza que não podemos voltar a eles. Somos livres, não para pecar, mas para servir a Deus.

O crente pode agir com liberdade, porém não deve se esquecer de que o seu limite está na Bíblia (1 Co 6.12; 10.23; 1 Ts 5.22; Tt 2.8; 1 Tm 2.9,10). Por isso, Paulo, inspirado por Deus, disse: "Porque vós, irmãos, fostes chamados à liberdade. Não useis, então, da liberdade para dar ocasião à carne, mas servi-vos uns aos outros pela caridade" (Gl 5.13).

Verdade ou quantidade?

Medindo o sucesso apenas pela quantidade de membros, algumas igrejas deixaram de pregar o verdadeiro evangelho de Cristo. Contentam-se em manter as pessoas, principalmente os jovens, como membros, mesmo que elas não sejam fiéis à sã doutrina. E, para isso, valem-se do entretenimento.

Os pecadores estão se afogando no mar do pecado. O que é a Igreja de Cristo, um barco cheio de diversão e entretenimento, ou um navio cheio de salva-vidas? Precisamos nos conscientizar de que a nossa missão é fazer discípulos (Mt 28.19, ARA), e não apenas conquistar o maior número possível de seguidores nominais (Mt 7.13,14).

Embora desejemos que os templos estejam cheios de pessoas, a busca pela quantidade, sem compromisso com as Escrituras, é perigosa, como vemos nas citações abaixo, extraídas de um livreto que discorre sobre as estratégias para a realização de reuniões "evangelísticas", segundo o evangelho do entretenimento:

> *... há muita adrenalina, unção, vibração, entusiasmo, gente bonita, amizades sinceras, guerra espiritual, entretenimentos, colheitas fartas, influência positiva, mudança de valores, quebra de paradigmas, coreografias, pulos de alegria, saltos de júbilo, louvor e adoração, teatro, estratégias tremendas de evangelismo...*
>
> *Nada de longas e cansativas orações...*
>
> *Precisamos adaptar as mensagens bíblicas às necessidades comuns do homem de hoje! Faz-se necessário contextualizar o ensino das Sagradas Escrituras à realidade existencial da juventude e da maturidade destes tempos...*
>
> *O que um sermão levaria 45 minutos ou uma hora para conseguir fazer, quando consegue, uma canção muitas vezes transmite num único compasso ou acorde, eliminando em pouco espaço de tempo as barreiras...*

Percebemos nas declarações acima graves desvios em relação aos princípios da Palavra de Deus. Os cultos são considerados reuniões de entretenimento em que tudo é permitido! Não há compromisso com a ética, e a oração é vista como "um peso". As pregações são "contextualizadas", a fim de agradar aos ouvintes. Ademais, fica clara a falta de interesse pela exposição da Palavra, uma vez que um acorde musical pode ser tão eficaz quanto uma mensagem de 45 minutos!

Quem vos fascinou para não obedecerdes a verdade?

Um dos atrativos para "segurar" a juventude é exatamente deixar de pregar a verdade, uma vez que esta afasta aqueles que não querem segui-la (Jo 6.60-69; Lc 9.23). A palavra de ordem é "facilitar". Contudo, de acordo com Mateus 7.13,14, não adianta alargar a porta. O caminho continuará estreito!

Isso nos remete ao que as Escrituras dizem em 2 Timóteo 4.3 (ARA): "... haverá tempo em que não suportarão à sã doutrina; pelo contrário, cercar-se-ão de mestres segundo as suas próprias cobiças, como que sentindo coceira nos ouvidos". Por isso, Jesus, em seu ministério terreno, mais pregou do que cantou. É por meio da exposição da Palavra que recebemos iluminação, entendimento e fé (Sl 119.130; Rm 10.17), e não pela música.

Não nos deslumbremos com o caminho das facilidades (Mt 7.13,14). Fujamos da secularização. Não sejamos insensatos como os gálatas, aos quais Paulo dirigiu uma difícil pergunta: "Quem vos fascinou para não obedecerdes à verdade, a vós, perante os olhos de quem Jesus Cristo foi já representado como crucificado?" (Gl 3.1).

Seguidores ou fãs?

Não devemos confundir salvação com reintegração social. Não é preciso nem falar de Jesus para integrar jovens à sociedade, tirando-os do submundo das drogas. Algumas organizações não governamentais conseguem isso por meio da música, do esporte, etc. Mas, e o novo nascimento, sem o qual ninguém entrará no céu?

Madre Tereza de Calcutá tem sido elogiada e honrada até por líderes evangélicos, em todo o mundo. E ela merece ser honrada por seu denodado serviço ao povo de Calcutá. Não obstante, ela não pregou o verdadeiro evangelho de Cristo às almas perdidas! Aliás, ela sequer o conhecia! Da mesma forma, Cornélio, apesar de piedoso, temente a Deus, altruísta e um homem de oração, não era salvo (At 10.1,2).

Salvação é muito mais que fazer parte de uma denominação "contextualizada"! Participar de "marchas", divertir-se à vontade com a "moçada" e usar camisetas com frases do tipo "Estou apaixonado" não garantem a salvação de ninguém! Não tenho nada contra à exibição de mensagens em camisetas, mas ser salvo é muito mais que isso! É necessário nascer de novo, por obra do Espírito Santo (Jo 3.3; Tt 3.5,6), e renunciar-se a si mesmo, para seguir a Cristo (Lc 9.23). Você está disposto a isso? Ou prefere ser apenas um fã de Jesus?

Aliás, de uns tempos para cá, tornou-se uma mania dizer e cantar: "Estou apaixonado por Jesus". É claro que tal expressão é empregada com o intuito de demonstrar amor ou adoração a Jesus. Entretanto, adoração é muito mais que paixão!

A paixão é irracional, ao contrário do nosso culto de adoração a Deus (Rm 12.1).

A paixão é passageira e não leva em conta princípios; a adoração deve ser perene e verdadeira (Jo 4.24).

A paixão é apenas um sentimento que não passa da alma; a adoração envolve a parte mais profunda do ser humano: o seu espírito (Lc 1.46,47; Sl 57.7).

A paixão exige reciprocidade; a adoração deve ser voluntária, sem segundas intenções (Jó 1.20-22).

A paixão é um sacrifício que pode ou não ser correspondido; a adoração — verdadeira — nunca fica sem uma resposta da parte do Senhor (2 Cr 7.14,15).

A paixão muda de objeto; ou seja, é possível se apaixonar por um e por outro, etc. Mas a adoração deve ser exclusivista: "Ao Senhor, teu Deus, adorarás e só a ele servirás..." (Mt 4.10).

Na contramão

Antigamente, era comum ouvirmos pregações advertindo os crentes quanto aos desvios comportamentais apresentados no cinema e em programas de televisão. Pregava-se contra o álcool, o tabaco, os desvios morais e éticos, etc. Havia, ainda que de modo superficial, uma tentativa de separar a igreja do mundo. Hoje, muitos preferem andar de mãos dadas com o mundo.

No ano de lançamento desta obra, o grande avivamento da Rua Azusa, em Los Angeles (EUA), completa cem anos. Li um relato do pastor Frank Bartleman (1871-1936), um dos pioneiros daquele movimento, que me fez refletir sobre a atual realidade da igreja brasileira:

> *A "arca do Senhor" começou a se mover vagarosamente, mas com firmeza em Azusa. No princípio era carregada nos ombros dos sacerdotes indicados por Ele mesmo. Não tínhamos nenhuma "carroça nova" naqueles dias para agradar as multidões mistas e carnais. Tínhamos de combater contra Satanás, mas a "arca" não era puxada por bois (bestas*

ignorantes). Os sacerdotes estavam "vivos para Deus", através de muita preparação e oração.[9]

Os genuínos avivamentos não agradam as "multidões mistas e carnais". Não se deixe, pois, influenciar pela maioria. Prefira ser guiado pela Palavra de Deus, ainda que o tenham como *persona non grata*. Não foi o que ocorreu com Micaías, Jeremias, Ezequiel, João Batista, Jesus, Estevão e Paulo, e acontece com todos aqueles que não aceitam o abandono das verdades da Palavra de Deus?

Imagine-se em uma estrada em que todos os veículos estão trafegando na contramão. O que acontecerá se você resolver trafegar na mão certa? Além de ficar com a impressão de que está na direção errada, todos os que de fato estão na contramão pensarão que estão certos! Essa é a estratégia do Adversário!

As igrejas se secularizam; e o mundo torna-se religioso. Não havendo diferenças entre um e outro, qualquer que protestar contra o erro ficará isolado! Mas, onde está o nosso diferencial? Somos a luz do mundo, ou a nossa luz se apagou? Como está a sua lâmpada? Ela ainda brilha nesse mundo tenebroso?

Arão ou Moisés?

Muitos líderes não entrarão no Reino de Deus porque não querem fazer a vontade do Pai (Mt 7.21). E quem não faz a vontade do Senhor restam-lhe apenas três alternativas: fazer a sua própria vontade, a do povo ou a do Diabo. Não faça a vontade do povo! Não seja como Arão, que, diante da pressão dos que queriam um "culto diferente", fez-lhes um bezerro de ouro (Êx 32.1-4).

Moisés, então, que fazia a vontade de Deus, tomou uma atitude: "E aconteceu que, chegando ele ao arraial e vendo o bezerro e as danças, acendeu-se o furor de Moisés, e arremessou as tábuas das suas mãos, e quebrou-as ao pé do monte, e tomou o bezerro que tinham feito, e queimou-o no fogo, moendo-o até que se tornou em pó; e o espargiu sobre as águas e deu-o a beber aos filhos de Israel" (Êx 32.19,20). Que Deus levante obreiros assim, zelosos, em nossos dias!

Lembre-se, pois, de que o mundo jaz no Maligno (1 Jo 5.19, ARA), e que a amizade com ele é inimizade contra Deus (Tg 4.4). Não faça como Demas que amou o presente século, isto é, o mundo

(2 Tm 4.10). E, como disse Paulo, que jamais pregaria esse evangelho do entretenimento, "... não vos conformeis com este mundo, mas transformai-vos pela renovação do vosso entendimento, para que experimenteis qual seja a boa, agradável e perfeita vontade de Deus" (Rm 12.2).

Qual é o seu referencial de liderança, Paulo ou Demas? Arão ou Moisés? Você é amigo do mundo ou do Senhor?

Espero que você não tenha ficado triste comigo, em razão da contundência com que tenho contestado esse evangelho do entretenimento. Não abandone a leitura deste livro agora... Afinal, como disse o imitador de Cristo: "... persuado eu agora a homens ou a Deus? Ou procuro agradar a homens? Se estivesse ainda agradando aos homens, não seria servo de Cristo" (Gl 1.10).

Saiba que o mais difícil já passou. Só falta mais um capítulo. Vamos! Vire a página!

[1] BLANCHARD, John, *Rock in Igreja?!*, Editora Fiel, p. 21.

[2] MUGGIATI, Roberto, *Rock, o Grito e o Mito*, Editora Vozes, p. 122.

[3] OLIVEIRA, Joanyr de, *A Igreja que Desejamos*, Editora Vida, pp. 36,37.

[4] BLANCHARD, John, *Rock in Igreja?!*, Editora Fiel, p. 17.

[5] Jornal *Mensageiro da Paz*, número 1.455, agosto de 2006.

[6] BRANDT, Robert L., BICKET, Zenas J., *Teologia Bíblica da Oração*, CPAD, p. 22.

[7] Revista *Veja*, edição 1964, de 12 de junho de 2006.

[8] *Dicionário Vine*, CPAD, p. 529.

[9] *Manual do Obreiro*, número 35, CPAD, p. 15.

Capítulo

9

Fiz-me seu Inimigo Dizendo a Verdade?

O evangelho de Cristo

Também vos notifico, irmãos, o evangelho que já vos tenho anunciado, o qual também recebestes e no qual também permaneceis; pelo qual também sois salvos, se o retiverdes tal como vo-lo tenho anunciado, se não é que crestes em vão.

1 Coríntios 15.1,2

Depois de mencionar tantos evangelhos que Paulo jamais pregaria, não poderia terminar esta obra sem apresentar o evangelho que ele anunciaria, caso vivesse em nossos dias. Não pense que ele faria ajustes em suas mensagens, ao deparar-se com a sociedade atual. Não! E isso por uma simples razão: sempre falou "segundo as Escrituras" (Rm 1.2; 1 Co 15.3), que permanecem para sempre (1 Pe 1.23).

Muitos têm feito uma releitura da Bíblia, sobretudo das cartas de Paulo, a fim de acomodá-las aos seus desejos carnais e preferências. Porém, o Senhor não mudou (Ml 3.6). O que era pecado há dois mil anos continua sendo visto por Ele como pecado hoje! Engana-se quem segue a "apóstolos", "bispos", "missionários" e "pastores" que adaptam o evangelho de Cristo às invencionices humanas! "Ai dos que ao mal chamam bem..." (Is 5.20).

O que é o evangelho de Cristo?

A palavra "evangelho", do grego *euangelion*, empregada com mais freqüência nas epístolas paulinas do que em outros livros do Novo Testamento, refere-se às boas novas de salvação em Cristo. Conquanto a biografia de Jesus — registrada em Mateus, Marcos,

Lucas e João — seja conhecida como "os Evangelhos" (cf. Mc 1.1), Paulo não usa o termo para se referir a um escrito, e sim ao poder de Deus para salvação, segundo as Escrituras (Rm 1.16; 1 Co 15.1-4).

Nos Evangelhos sinóticos, as boas novas de salvação pregadas por Jesus recebem vários adjetivos (Mt 4.23; Mc 1.15; Lc 4.43; etc.). O Mestre as relaciona a si mesmo, quando usa a expressão "por amor de mim e do evangelho" (Mc 8.35; 10.29). Ele aplica a si também a profecia de Isaías 61.1, identificando-se como o portador do evangelho de salvação (Lc 4.18).

O objeto e o sujeito do evangelho de Cristo é o próprio Jesus (At 5.42; 8.12,35; 11.20; 17.18; Gl 1.16). E o seu tema central é a cruz (1 Co 1.17-25; 2.2). A expressão "evangelho de Cristo" não se restringe a uma mera narração dos acontecimentos da vida de Jesus, embora ela inclua tal narração. O evangelho apresenta Jesus como Messias e Salvador através de seus milagres, pregações, vida, morte, ressurreição, ascensão, volta, etc., além de todas as profecias messiânicas contidas no Antigo Testamento.

Segundo as Escrituras!

Qual é o conteúdo da mensagem do evangelho? A resposta a essa pergunta encontra-se resumidamente em Romanos 1.2-4: "o qual antes havia prometido pelos seus profetas nas Santas Escrituras, acerca de seu Filho, que nasceu da descendência de Davi segundo a carne, declarado Filho de Deus em poder, segundo o Espírito de santificação, pela ressurreição dos mortos — Jesus Cristo, nosso SENHOR".

Outra passagem que apresenta o conteúdo do evangelho de Cristo de forma resumida é 1 Coríntios 15.3,4: "Porque primeiramente vos entreguei o que também recebi: que Cristo morreu por nossos pecados, segundo as Escrituras, e que foi sepultado, e que ressuscitou ao terceiro dia, segundo as Escrituras".

Pregar o evangelho significa anunciar toda a verdade acerca de Cristo contida nas Santas Escrituras. E, quando isso acontece, o Senhor coopera, confirmando a pregação com sinais (Mc 16.15-20; Ef 6.17). O poder do evangelho reside, pois, na apresentação de *toda* a verdade da Palavra de Deus, e não em argumentações humanas, ainda que sejam coerentes e satisfaçam as exigências do limitado raciocínio humano.

Evangelho de poder

Nesses dias em que muitos crentes valorizam mais o evangelho empirista — baseado em experiências exóticas, como receber mensagens proféticas de galinhas; em revelações após visitas ao céu e ao inferno; e em supostas conversas com seres angelicais ou personagens bíblicos, como Paulo e Maria —, o imitador de Cristo pregaria: "A Bíblia é a Palavra de Deus! Não abram mão dessa fonte primária de autoridade".

O evangelho que Paulo proclamava não se resumia em palavras. Ele expunha a Palavra de Deus, e o Espírito Santo fazia a sua parte: "porque o nosso evangelho não foi a vós somente em palavras, mas também em poder, e no Espírito Santo, e em muita certeza, como bem sabeis quais fomos entre vós, por amor de vós" (1 Ts 1.5).

Mas ele não fazia dos sinais o centro de seu ministério. A principal ênfase era a salvação em Cristo (1 Co 1.22,23), uma vez que o evangelho verdadeiro é, antes de tudo, "... poder de Deus para salvação de todo aquele que crê" (Rm 1.16). Se vivesse hoje, Paulo jamais faria propaganda dos sinais operados pelo Espírito Santo para se promover, como têm feito os propagadores do evangelho empirista!

Tentei imaginar como teria sido a divulgação de um "culto de milagres" ou uma "tarde da bênção" dirigidos por Paulo: "Não percam! Grande tarde de poder em Jerusalém, com o grande apóstolo Paulo, conferencista internacional, ex-perseguidor dos cristãos e que visitou o Paraíso, no terceiro céu! Tragam todos os enfermos! Venham todos os calvos e banguelas! E não percam a grande noite do emagrecimento!"

Embora creiamos que os sinais da parte de Deus nos sigam, não devemos fazer como os falsos profetas da atualidade, que se valem deles para alcançar fama e prosperidade material. Atraem multidões, ao divulgarem que foram ungidos para fazer "coisas novas", e enganam os incautos, que ficam em redor deles, e não em torno da Rocha (1 Pe 2.4). Paulo jamais faria isso! Ele sabia que toda a glória pertence ao Senhor (At 14.14-18).

Martim Alves da Silva, pastor da Assembléia de Deus em Mossoró, Rio Grande do Norte, afirmou:

> *Aos olhos humanos, Jesus tinha tudo para ser um pop star. (...) Coxos andavam, cegos viam, leprosos eram purificados, mortos eram ressuscitados ouvindo a voz de seu poder. Pessoas sem esperança*

encontravam o sentido da vida. Enfim, milagres em profusão aconteciam por onde Ele passava e multidões afluíam para ouvi-lo. Porém, se Jesus tivesse em vista o lucro e a fama, certamente alugaria um anfiteatro romano ou um auditório, muito comum em seus dias, e faria shows com recorde de público. Por que não dizer, seria campeão de bilheteria. Mas nunca buscou riqueza ou fama para si.

Sendo rico, Jesus se fez pobre por amor de nós. Pregava o Evangelho e fazia milagres sem exigir dinheiro de quem quer que seja. Muito diferente dos artistas "evangélicos"...[1]

Graças a Deus porque ainda há pastores que, como o apóstolo Paulo, imitam a Jesus Cristo!

Se os macacos falassem...

Paulo não era um pregador espalhafatoso. Ele seguia à risca o que o Mestre disse em Mateus 10.16: "sede... símplices como as pombas..." Todos os pregadores que possuem temor de Deus precisam olhar para o Senhor Jesus, imitando-o em sua simplicidade (Mt 11.29). Eles precisam se conscientizar de que o púlpito não é um palco, e sim um altar de onde flui a mensagem do céu!

O imitador de Cristo nunca se preocupou em animar auditório. Sua pregação não era um espetáculo. Em Trôade, durante o seu extenso discurso, Êutico até dormiu, vindo a cair do terceiro andar do cenáculo (At 20.6-10)! Talvez ele não caísse se o apóstolo fosse um animador de auditório! Mas também jamais teria conhecido a verdade.

Se vivesse em nosso tempo, Paulo pregaria um evangelho de poder baseado na viva e eficaz Palavra de Deus (Hb 4.12), e não em técnicas psicológicas para tratar da alma, nem em manifestações estranhas — como as analisadas no primeiro capítulo deste livro —, tampouco em palavras persuasivas de sabedoria humana (1 Co 2.4).

Hoje, os pregadores-artistas têm feito muitos discípulos, levando os jovens a pensarem que ser um pregador significa ser um "showman". Alguns sobem nas cercas em redor do púlpito, dão cambalhotas, deitam, e outros até rebolam! O poder de influência sobre os jovens pregadores é tão grande, que um irmão desabafou: "Hoje em dia, se os macacos falassem, seriam os principais pregadores".

Salmo, doutrina, revelação...

Paulo, com certeza combateria a falta de ordem nos cultos. Não permitiria inovações como "adorações proféticas" e "unções do riso e dos quatro seres". Tais modismos, comuns em algumas igrejas ditas pentecostais, não teriam respaldo do apóstolo. Ele pregaria a atualidade dos dons espirituais, reafirmando que o culto genuinamente pentecostal é formado por salmo, doutrina, revelação, língua e interpretação (1 Co 14.26).

Ele não se conformaria com o cessacionismo, teoria pela qual se afirma que a manifestação dos dons espirituais cessou. Mas também não aceitaria o antibíblico neopentecostalismo, que banaliza os dons do Espírito Santo. Para se ter uma idéia dessa banalização, cantores e animadores de auditório — durante a Copa do Mundo da Alemanha (2006) — profetizaram, em praça pública, que o Brasil se sagraria hexacampeão mundial!

Paulo não toleraria esse uso indevido do verbo "profetizar". Todos profetizam a qualquer hora (não da parte de Deus, é claro), desprezando a doutrina bíblica dos dons espirituais. A profecia, segundo as Escrituras, não são essas declarações infelizes, inconseqüentes e até blasfemas! Quem deseja profetizar da parte de Deus, que se humilhe debaixo de sua mão potente (1 Pe 5.6), curvando-se para aprender o que a Palavra do Senhor ensina sobre o assunto, em 1 Coríntios 12 a 14.

Hoje, todos os elementos do verdadeiro Pentecostes têm sido profanados: o batismo com o Espírito Santo, as línguas estranhas, a profecia, os dons de curar, etc. Quanto ao dom de discernir os espíritos, só funcionaria se houvesse compromisso com a sã doutrina (At 17.11; Hb 5.12-14). E, caso funcionasse nesses cultos, muitos "Simões" e "Elimas" seriam desmascarados (At 8.18-25; 13.8-10)!

Olhe para o seu irmão, não! Olhe para Jesus!

O poder do evangelho está em Cristo, e não nos homens e suas palavras "mágicas". O próprio Senhor Jesus declarou: "... em meu nome, expulsarão demônios; falarão novas línguas; pegarão nas serpentes; e, se beberem alguma coisa mortífera, não lhes fará dano algum; e imporão as mãos sobre os enfermos e os curarão" (Mc 16.17,18).

Nesse tempo pós-moderno, em que os pregadores do evangelho antropocêntrico mandam as pessoas olharem umas para as outras e "profetizarem", dizendo palavras "animadoras", Paulo pregaria: "Irmãos, olhem para Jesus!" Ele poria termo a esse modismo, que decorre da atitude egoísta de muitos crentes, que apenas buscam o seu bem-estar, e não uma vida de comunhão com Cristo.

Paulo, nesse tempo em que o ser humano é tacitamente endeusado, pregaria Cristo, Cristo, Cristo! Sua pregação seria, sem dúvidas, cristocêntrica. A mudança para ele seria apenas o público-alvo: em vez de convencer seguidores do judaísmo ou filósofos atenienses de que Jesus é o centro de todas as coisas, teria de convencer os cristãos!

Isso mesmo. Muitos crentes de hoje, por mais paradoxal que isso possa parecer, precisam ser convencidos de que Cristo é o centro, e de que tudo é dEle, e por Ele, e para Ele. Tais cristãos, voltados para os seus egos, preferem olhar para o "próprio espelho", comparando-se "consigo mesmos" (2 Co 10.12). Que contemplemos os nossos rostos no "espelho de Cristo", pela sua Palavra (Tg 1.22-24), a fim de que Ele seja o centro e receba de nós toda a glória!

Sim, eu amo a mensagem da cruz!

Paulo não pregaria um evangelho fenomenológico! Ele pregaria um evangelho simples, e não simplório; poderoso, e não prodigioso; baseado na eficácia do Senhor Todo-poderoso, e não na audácia de pregadores "super-poderosos". Ele bradaria: "Nenhuma condenação há para os que estão em Cristo Jesus..." (Rm 8.1). E ainda: "... se alguém está em Cristo, nova criatura é; as coisas velhas já passaram; eis que tudo se fez novo" (2 Co 5.17).

Os super-pregadores da atualidade desprezam essa simplicidade que há em Cristo (2 Co 11.3). Em certos "cultos", pessoas caem ao chão e ficam encolhidas, em posição de crianças que ainda não saíram do ventre materno. O milagreiro, então, "cheio de poderes" — e também cheio de si —, grita ao microfone: "Vejam! Esse crente regressou agora ao ventre materno! Ele precisa perdoar a sua mãe, que tentou abortá-lo".

Com muita dificuldade, Paulo pregaria hoje a vitória da cruz! Dificuldade? Sim, pois muitos que se consideram evangélicos abandonaram a cruz de Cristo. Preferem afirmar que Satanás venceu Jesus no madeiro, e que o Senhor só teria alcançado a vitória no inferno, ao tomar as chaves do Inimigo e ressuscitar em triunfo. Será que eles sabem que foi na cruz que o Senhor bradou "Está consumado" (Jo 19.30)?

Paulo daria ênfase à paradoxal vitória sacrificial de nosso Senhor na cruz (1 Co 1.18; Cl 2.14,15). Paradoxal porque, para a razão humana, uma morte cruenta como aquela só poderia ser considerada uma derrota. Daí ser loucura para os que perecem. Mas Cristo, ao ser pendurado entre o céu e a terra, reconciliou com Deus o mundo (2 Co 5.19). Glória a Jesus!

Não nos conformemos com a ausência da mensagem da cruz em nossos púlpitos! (Confesso que não me lembro da última vez em que ouvi uma pregação sobre o assunto...) Rejeitemos as mensagens da pós-modernidade, positivistas e humanistas, recheadas de psicologia, empirismo e de "palavras persuasivas de sabedoria humana".

Oh, Senhor, a tua obra precisa de pregadores compromissados com a mensagem da cruz! Não suportamos mais essas mensagens de auto-ajuda! Precisamos da ajuda do alto, que vem de ti, ó Pai das luzes, em quem não há mudança, tampouco sombra de variação!

Cristo ressuscitou!

Prega-se muito hoje sobre fé, mas pouco sobre a ressurreição de Cristo. Que contradição! Se a Palavra de Deus afirma que, se Cristo não ressuscitou, a nossa fé é vã (1 Co 15.17), logo essa virtude em muitos crentes está morta! Se falam pouco ou quase nada da gloriosa ressurreição de nosso Senhor, preferindo assuntos como confissão positiva ou teologia da prosperidade, como poderiam estar honrando a fonte real da fé?

Hoje, tem prevalecido a fé na fé, triunfalista, egoísta, voltada para o recebimento de bênçãos. Essa fé é bem diferente da centrada em Cristo, em sua ressurreição! Isso porque os seguidores desses "outros evangelhos" vivem em função do "aqui e agora". Preocupam-se com as coisas que os podem tornar "eternos" na terra, pensando apenas em saúde, dinheiro, casa própria... Paulo pregaria sobre o cuidado com o corpo (1 Co 6.19,20), mas priorizaria "as coisas que são de cima" (Cl 3.1,2).

O imitador de Cristo continuaria pregando Jesus e a ressurreição (At 17.18). Ele não inventaria mensagens novas, com temas "criativos", como "Amarre o Diabo!" ou "Grávidos por um avivamento". Não! Ainda que bocejassem, ficassem inquietos ou torcessem o nariz durante a sua exposição, a mensagem de Paulo seria Cristo, Cristo, Cristo, nome sem igual!

Creiamos, pois, na ressurreição de Jesus, mas também na nossa! Segundo o evangelho verdadeiro, os mortos em Cristo ressuscitarão primeiro (1 Co 15.51,52; 1 Ts 4.16,17). E essa ressurreição implicará um revestimento celestial! Em breve, como pregou Paulo, o mortal e corruptível corpo humano revestir-se-á de imortalidade e incorruptibilidade (1 Co 15.53-55). Glória ao maravilhoso nome de Jesus!

Mensagens "arrebatadoras"

Nesses últimos dias, crentes desapercebidos têm lotado auditórios e se acotovelado para ouvir mensageiros que foram supostamente "arrebatados" ao céu e ao inferno! Tais pregadores apresentam mensagens que "arrebatam" a multidão, mas nenhuma delas sobre o Arrebatamento! Com isso, o Maligno tem arrebatado a Palavra de muitos corações (Mt 13.19).

Mas Paulo pregaria sobre o glorioso Arrebatamento da Igreja, ainda que o chamassem de retrógrado e desatualizado! Ele continuaria dizendo que a nossa cidade está nos céus, de onde esperamos o Senhor e Salvador Jesus Cristo, que transformará o nosso corpo abatido, mortal, sujeito às enfermidades, em um glorioso, incorruptível, semelhante ao de Jesus (Fp 3.20,21)!

O imitador de Cristo não daria tanta ênfase a milagres, prosperidade financeira e saúde física! Afinal, a nossa prioridade é ser fiel ao Senhor em tudo, a fim de que estejamos preparados para a sua gloriosa vinda (Ap 3.11)! O que adianta vermos sinais e prodígios, termos dinheiro e bens, além de uma boa saúde durante certo tempo, se não nos encontrarmos com o Senhor nos ares (1 Ts 4.16,17)?

Paulo, sob a inspiração do Espírito, afirmou que a coroa da justiça é para todos aqueles que amarem a vinda de Jesus (2 Tm 4.8), e não para quem amar as riquezas, priorizar a saúde do corpo ou viver correndo atrás de milagres! Você ama a vinda de Cristo? Sente-se preparado para o Arrebatamento? Ou tem sido enganado por mensagens "arrebatadoras"?

Em tudo somos atribulados

Se Paulo vivesse nesse tempo, combateria a doutrina de certos "mestres da fé", que ensinam os pobres homens mortais a se comportarem como se o Senhor Jesus fosse servo deles. O apóstolo, que fazia questão de identificar-se como "servo de Jesus Cristo" (Rm 1.1; Fp 1.1), não ensinaria ninguém a determinar, decretar ou exigir bênçãos de Deus.

Não há dúvidas de que, com essa postura, o imitador de Cristo seria rejeitado pelos propagadores da falaciosa confissão positiva, posto que ensinam os crentes a se portarem como "todo-poderosos", que alcançam todas as bênçãos mediante palavras de ordem e nunca enfrentam tribulações.

Nesse tempo pós-moderno, em que o evangelho da prosperidade conquistou o coração de muitos crentes, que — esquecendo-se de que não devem ambicionar coisas altas, mas se acomodarem às humildes —, buscam as riquezas (Rm 12.16; 1 Tm 6.9), Paulo pregaria: "Irmãos, o nosso maior tesouro é a nossa salvação em Cristo".

Mas ele teria dificuldade porque são muitas as celebridades evangélicas em nosso meio, que vivem, pregam e buscam a fama. Para esses ricos e famosos, evangelizar não significa pregar o evangelho de Cristo, e sim mostrar aos não-crentes — quer dizer, não-famosos, não-prósperos e não-triunfalistas — que ser um cristão implica ter fama, riquezas, carros na garagem, grandes casas, e nunca, nunca mesmo, enfrentar tribulações.

Paulo não ficaria calado ao ouvir os "mestres da fé" que omitem do povo que seguir a Cristo implica participar de suas aflições! Ele pregaria a necessidade de nos gloriarmos nas tribulações, haja vista elas produzirem a paciência, uma virtude que faz-nos adquirir a experiência, que produz a esperança, a qual não traz confusão (Rm 5.1-5).

Ele corroboraria as palavras de Cristo, em João 16.33. Para aqueles que o questionassem quanto à dificuldade de ser um crente sofredor, responderia: "Em tudo somos atribulados, mas não angustiados; perplexos, mas não desanimados; perseguidos, mas não desamparados; abatidos, mas não destruídos" (2 Co 4.8,9).

Sim, o imitador de Cristo deixaria claro que tais aflições do tempo presente não devem nos desanimar, uma vez que não podem ser comparadas com a glória que em nós há de ser revelada (Rm 8.18). Ele continuaria pregando o evangelho de Cristo, demonstrando que "... a nossa leve e momentânea tribulação produz para nós um peso eterno de glória mui excelente" (2 Co 4.17).

Evangelho da graça e de graça

Em 2 Coríntios 11.7, está escrito: "Pequei, porventura, humilhando-me a mim mesmo, para que vós fôsseis exaltados, porque de graça vos anunciei o evangelho de Deus?" Paulo opôs-se aos falsos apóstolos que, no seu tempo, exploravam a igreja de Corinto, ao contrário do apóstolo, que pregava o evangelho da graça e de graça!

Se o imitador de Cristo estivesse entre nós, ficaria em silêncio ao tomar conhecimento dos altos cachês cobrados pelos renomados conferencistas, que se comportam como verdadeiras celebridades? É claro que essa questão merece ser analisada com cuidado e imparcialidade, haja vista existirem comportamentos errôneos tanto por parte dos pregadores como das igrejas.

Alguns pregadores estabelecem valores exorbitantes para pregar, e seus secretários geralmente querem saber o tamanho do templo, a quantidade de membros, etc., tudo para que seja cobrada uma quantia "justa". Essa postura é errada? Sim. Mas, por que há pastores que aceitam tais imposições? Se houvesse uma atitude de reprovação por parte das lideranças, os aproveitadores que mercadejam a Palavra não teriam tanta liberdade para agir.

Por outro lado, há igrejas que não sabem valorizar os verdadeiros pregadores, humildes, que não estabelecem valores exagerados para anunciar a Palavra. Apesar de não cobrarem, eles têm as suas despesas, além de deixarem as suas igrejas, que nem sempre compreendem as suas ausências, abrirem mão de atividades, sacrificarem o convívio com a família, etc. É justo que as igrejas abram a mão para ele, voluntariamente. E Paulo, hoje, ensinaria as igrejas sobre isso (1 Tm 5.17,18).

Inimigos de Paulo ou da verdade?

Nesses últimos dias, em que muitos estão seguindo a um evangelho ecumênico, que valoriza um falso amor, centrado em seus próprios interesses, abrindo mão da verdade, Paulo pregaria: "Irmãos, a verdade da Palavra de Deus deve prevalecer, e não aquilo que nós achamos que seja certo. Não priorizemos os nossos sentimentos, e sim o de Cristo, como está escrito em Filipenses 2.5".

É comum ouvirmos, em programas de rádio ou televisão, líderes evangélicos verberarem contra Paulo. Dizem que nem tudo o que ele disse pode ser recebido como verdade vinda do alto. De fato, ele não é o fundamento do cristianismo, como ele mesmo admitiu: "... ninguém pode pôr outro fundamento, além do que já está posto, o qual é Jesus Cristo" (1 Co 3.11), mas seria falta de bom senso desprezar a excelência de seu apostolado.

Claudionor de Andrade afirmou:

> *Paulo é a figura mais importante do cristianismo. Dos apóstolos, o mais excelente. Supera-o tão-somente o Filho de Deus. Embora não fosse um dos doze, pertencia-lhe a primazia do colégio apostólico. Sua contribuição à obra salvífica não é dimensível.*[2]

Somente pessoas insensíveis, céticas, amantes de sua própria "verdade", e não da revelada pelo Senhor em sua Palavra, podem ter uma atitude de desprezo às doutrinas de Deus sistematizadas pelo apóstolo Paulo. Estaria ele errado quanto à justificação pela fé e tantas outras doutrinas fundamentais do cristianismo? Teria tirado de sua própria mente mistérios tão gloriosos?

Movimentos como o feminismo e o pró-homossexualismo atacam a pessoa de Paulo, tachando-o de machista e preconceituoso. Na verdade, não querem aceitar o que Palavra de Deus diz, nem encarar a realidade de seus pecados. Não adianta nada desqualificar o apóstolo — fazer isso significa opor-se ao próprio Deus, que o chamou para pregar o verdadeiro evangelho (Gl 1.15).

Não pense que estou fazendo uma defesa da teologia paulina, como se Paulo fosse apenas mais um dos muitos teólogos que andaram na terra. Não! Estou defendendo o evangelho, que o imitador de Cristo proclamou com autoridade incontestável.

Mas chego à conclusão de que os inimigos de Paulo são, na verdade, inimigos de Cristo! Sim, não tenho dúvidas: os seus inimigos são inimigos da verdade do evangelho! E, se pudessem, arrancariam algumas páginas da Bíblia, como se, com isso, conseguissem alterar ou anular o que Deus determinou!

Teologia paulina?

Nesses dias em que o evangelho teologicocêntrico conquistou o coração de muitos, que preferem desprezar parte do conteúdo das Escrituras, valorizando mais o que teólogos como Agostinho, Calvino ou Armínio disseram, Paulo pregaria: "Irmãos, a Bíblia é a Palavra de Deus. Nela não há contradições! Jamais desprezemos o seu conteúdo".

Sim, nesse tempo pós-moderno, em que a razão é priorizada e prevalece para muitos o evangelho filosófico, Paulo bradaria: "Meus amados em Cristo, o homem natural não pode compreender os mistérios de Deus contidos em sua Palavra. Por isso, devemos valorizar as revelações do Espírito mediante à investigação das Santas Escrituras".

Não tenho dúvidas de que Paulo foi um grande teólogo. Charles Ferguson Ball, que estudou a fundo a cultura e os dias em que o apóstolo viveu e trabalhou, afirmou:

> *Deus decidiu enviar a este mundo um homem que, pelos seus dons naturais, pôde cativar toda classe de pessoas. Com seus antecedentes e preparo, estava apto a falar com autoridade aos romanos, gregos e hebreus. Deus separou esse homem, mudou todo o curso de sua vida e usou-o para fortalecer a Igreja de maneira milagrosa. Saulo de Tarso, o escolhido de Deus, tornou-se um dos maiores pensadores e, certamente, o maior líder e teólogo da Igreja.*[3]

Mas, seria o cristianismo mais paulino do que cristão, como alguns teólogos racionalistas têm afirmado? É fácil responder a essa pergunta se considerarmos o fato de que todo o ministério de Paulo foi dedicado a ocultar a si mesmo por trás de Cristo, com quem se identificava. Ademais, ele deixa claro que Jesus é Senhor, Mediador, Criador, o Deus Todo-poderoso (Fp 2.5-11; 1 Tm 2.5; Cl 1.16; 2.9).

Embora ele tenha usado expressões como "nosso evangelho" e "meu evangelho" (Rm 2.16; 2 Co 4.3; 2 Ts 2.14; 2 Tm 2.8), isso não denota que a sua mensagem era diferente da pregada por Jesus. Ele mesmo se empenhou em afirmar que há somente um evangelho (Gl 1.6-11). O pronome possessivo sugere apenas a sua identificação com a tarefa que lhe foi dada: pregador, apóstolo e doutor do evangelho (2 Tm 1.11).

Ninguém tem autoridade para questionar a posição de Paulo como o maior pensador da história do cristianismo. E é preciso reconhecer que nenhum dos grandes movimentos do pensamento cristão se desenvolveu sem uma base nas epístolas paulinas.

Entretanto, Satanás, de modo sutil, tem usado o fato de Paulo ter sido um teólogo para levar os desavisados a contestar a inspiração plena da Bíblia. Como se dá isso? Falsos teólogos têm afirmado que existem várias teologias, e todas possuem o seu valor: a de Paulo, a de Pedro, a de João, a de Agostinho, a de Calvino, etc. Com isso, as Escrituras inspiradas por Deus são equiparadas a escritos desprovidos da especial inspiração divina — *theopneustos*, no grego (2 Tm 3.16).

Tais enganadores, desprezando a unidade e a inerrância da Palavra de Deus, afirmam que os apóstolos apresentaram diferentes e contraditórias teologias: "Esse ponto doutrinário de Tiago não se coaduna com a teologia paulina". Pura lógica humana! Aliás, esse é um pensamento "diabológico", pois, se a "mente desocupada é oficina do Diabo" — como diz um ditado —, mente ocupada com falsas ideologias é um espaço em que o Adversário tem ainda maior liberdade!

Estudemos os teólogos, mas não para sermos guiados pela teologia! Firmar-se em uma teologia paulina, pedrina ou joanina seria apenas seguir a uma ideologia em detrimento de outras. Ora, seguindo ao exemplo de Paulo, devemos considerar toda a Bíblia a nossa fonte primária de autoridade (2 Tm 3.16; Rm 15.4).

Vontade de Deus: a vossa santificação

Nesse tempo do fim, em que o evangelho farisaico é seguido por muitos crentes, que "coam mosquitos", mas "engolem camelos", verberando contra efemeridades e não conseguindo ver "traves de madeira" enormes em seus próprios olhos, Paulo pregaria: "Irmãos, a vontade de Deus é a nossa santificação, em espírito, alma e corpo, nessa ordem!"

O doutor dos gentios diria a verdade, em alto e bom tom: "que cada um de vós saiba possuir o seu vaso em santificação e honra" (1 Ts 4.4), incentivando os crentes a abandonarem os prazeres do mundo, a fim de que todos sejam vasos santificados para uso do Senhor (2 Tm 2.20,21). Ele não admitiria os ensinamentos extremistas da atualidade, cuja ênfase recai apenas na aparência ou na satisfação da carne (Cl 2.23).

Ah, a santificação! Como esse aspecto do verdadeiro evangelho de Cristo tem soado como arcaico e ultrapassado para os seguidores do evangelho do entretenimento! Fico pensando como Paulo reagiria ao conhecer igrejas — ditas evangélicas — para bailarinos, praticantes de *jiu-jitsu* e apreciadores de *hip-hop*! Se ele vivesse em nossos dias, tais evangélicos o veriam como "uma pedra no sapato", não é mesmo?

Não erreis!

A Epístola aos Gálatas, pela qual o apóstolo critica a postura dos crentes quanto ao conformismo com as práticas dos judaizantes (cf. 3.1-3), é um exemplo de como ele zelava por todas as igrejas (cf. 2 Co 11.28). Ele não pregava o que agradava as pessoas, nem priorizava apenas o bem-estar delas. E hoje faria o mesmo, alertando os crentes quanto ao pecado, ao erro, às heresias e aos modismos.

Engana-se quem pensa que Paulo ficaria em cima do muro. Muitos líderes hoje ficam quietos ante as más inovações advindas do mundo. Dizem, nos bastidores, que não aceitam isso e aquilo entrando nas igrejas, mas não têm coragem de combater o pecado e as inversões de valores. Há os que, inclusive, afirmam: "Isso é um sinal da vinda de Jesus. Temos de aceitar calados".

Paulo, nos dias em que andou na terra, não tinha dúvidas de que Cristo poderia voltar a qualquer momento (Rm 13.11; 1 Co 15.52). A despeito disso, não cessou de protestar contra o pecado e as mutações sociais. Ele combateu o pecado que vinha de fora (Rm 1.18-32), mas também alertou quanto à apostasia, pecado que só pode ser cometido por crentes (1 Tm 4.1).

Ao escrever aos coríntios, Paulo demonstrou preocupação, temendo que aquela igreja se comportasse como os israelitas idólatras, imorais, iníquos e murmuradores, que pereceram no deserto por causa de seus pecados (1 Co 10.1-13). Foi para crentes que ele disse: "Portanto, meus amados, fugi da idolatria" (v. 14).

Paulo não pensava como muitos mestres da pós-modernidade, que agem como se, em suas Bíblias, não houvessem listas de pecados, como as registradas em 1 Coríntios 6.10, Gálatas 5.19-21 e 2 Timóteo 3.1-5. Pregar contra a avareza, o homossexualismo, a soberba e todas as outras obras da carne é, para tais mestres da omissão, abraçar o que chamam de legalismo.

Mas Paulo continuaria pregando: "Não erreis: Deus não se deixa escarnecer; porque tudo o que o homem semear, isso também ceifará" (Gl 6.7).

A verdade dói, mas é a verdade!

Não é fácil dizer e ouvir a verdade. Lembro-me de que um pastor me disse, certa vez: "Ciro, amigo é aquele que lhe diz que você tem mau hálito". E, quanto aos gálatas, eles teriam sido tolos se não valorizassem a verdade dita por alguém que não fora feito apóstolo por homem algum, e sim "... por Jesus Cristo e por Deus Pai, que o ressuscitou dos mortos" (Gl 1.1).

Paulo escreveu a Epístola aos Gálatas em 49 d.C., porém as suas palavras — recebidas do Senhor Jesus (Gl 1.11,12) — ainda são atuais. O evangelho de Cristo continua sendo verdadeiro, e não precisamos substituí-lo por outro, "contextualizado", com emendas e adendos obtidos mediante fontes não confiáveis, como a lógica humana, a tradição e o empirismo.

A convicção que Paulo tinha de que outrora pregara aos gálatas o verdadeiro evangelho era tão grande, que ordenou que o considerassem anátema, caso lhes anunciasse outro evangelho (Gl 1.8-12). Ele sabia de sua insignificância ante a grandeza da revelação de Deus. Afinal, os homens passam, além de poderem fracassar a qualquer momento, enquanto a Palavra do Senhor permanece para sempre (1 Pe 1.24,25).

"Fiz-me, acaso, vosso inimigo, dizendo a verdade?" (Gl 4.16), perguntou Paulo aos insensatos gálatas. Fascinados por outro evangelho, eles, que haviam começado pelo Espírito, estavam vivendo na carne (Gl 3.3). Por isso, ao escrever-lhes, o doutor dos gentios não tinha outro interesse, a não ser estimulá-los a andar "... bem e direitamente conforme a verdade do evangelho" (Gl 2.14).

E você, tem andado conforme a verdade do evangelho? Ou tem preferido seguir aos falsos evangelhos que Paulo jamais pregaria?

Evangelho de fé, esperança e amor

Paulo teria dificuldade para pregar o verdadeiro evangelho, pois, nesses dias em que o egoísmo tem prevalecido, além do desprezo ao senhorio de Cristo, o amor deixou de ser a principal virtude, dando lugar a uma falsa fé. Mesmo assim, ele pregaria sobre a necessidade de o crente dar lugar ao Espírito Santo, a fim de que, a cada dia, o seu fruto de amor amadurecesse em nós (Gl 5.22).

Hoje, ouvimos falar muito de fé para conquistar bênçãos, porém a verdadeira fé não subsiste sem amor e esperança. Ela é, portanto, altruísta, além de ser uma virtude que nos faz acreditar no futuro, haja o que houver no presente (Hb 11.1). Essa fé autêntica, um verdadeiro combustível para o salvo (Hb 10.38), liberta-nos do egoísmo, que tem levado muitos a só pensarem em bens materiais.

O crente que segue a "outros evangelhos" pode ser comparado àquela pessoa que, abraçada, com as mãos e os pés, a um longo bastão de madeira, tenta equilibrar-se, o que é impossível, a não ser por alguns instantes. Mas quem abraça o evangelho de Cristo mantém-se de fato equilibrado em um firme tripé: "... permanecem a fé, a esperança e o amor, estes três; porém o maior destes é a amor" (1 Co 13.13, ARA).

Retenhamos, pois, a verdade do evangelho de Cristo, sabendo que isso é uma condição obrigatória para sermos salvos (1 Co 15.1,2). E que o Espírito Santo aplique a mensagem deste livro aos nossos corações. Digo "aplique aos nossos corações" porque apenas compartilhei o que recebi do Senhor. E sinto-me leve ao concluir este difícil trabalho.

Quero ainda partilhar uma mensagem com você. Não deixe de ler o epílogo, amém?

Glória ao maravilhoso nome de Jesus!

[1] Jornal *Mensageiro da Paz*, número 1.455, agosto de 2006.

[2] ANDRADE, Claudionor, *Paulo em Atenas*, CPAD, p. 21.

[3] BALL, Charles Ferguson, *A Vida e os Tempos do Apóstolo Paulo*, CPAD, 14.

Epílogo

Epístola aos Pastores do Século XXI

A décima quarta epístola de Paulo

Pelo que, amados, aguardando estas coisas, procurai que dele sejais achados imaculados e irrepreensíveis em paz e tende por salvação a longanimidade de nosso Senhor, como também o nosso amado irmão Paulo vos escreveu, segundo a sabedoria que lhe foi dada.

2 Pedro 3.14,15

Como resultado de sua "visita" às igrejas do nosso tempo, conforme vimos na introdução desta obra, Paulo escreveu a sua décima quarta epístola:

Paulo, servo de Jesus Cristo, chamado para apóstolo, separado para o evangelho de Deus, o qual antes havia prometido pelos seus profetas nas Santas Escrituras. Porque não me envergonho do evangelho de Cristo, pois é o poder de Deus para salvação de todo aquele que crê: primeiro do judeu, e também do grego. Porque nele se descobre a justiça de Deus de fé em fé, como está escrito: Mas o justo viverá da fé.

Porque eu recebi do Senhor o que também vos ensinei. Porque tudo que dantes foi escrito para nosso ensino foi escrito, para que, pela paciência e consolação das Escrituras, tenhamos esperança. Toda Escritura é inspirada por Deus e útil para o ensino, para a repreensão, para a correção, para a educação na justiça, a fim de que o homem de Deus seja perfeito e perfeitamente habilitado para toda boa obra.

E eu, irmãos, quando fui ter convosco, anunciando-vos o

testemunho de Deus, não fui com sublimidade de palavras ou de sabedoria. Porque nada me propus saber entre vós, senão a Jesus Cristo e este crucificado. E eu estive convosco em fraqueza, e em temor, e em grande tremor.

Porque os judeus pedem sinal, e os gregos buscam sabedoria; mas nós pregamos a Cristo crucificado, que é escândalo para os judeus, e loucura para os gregos. Também vos notifico, irmãos, o evangelho que já vos tenho anunciado; o qual também recebestes, e no qual também permaneceis. Pelo que também sois salvos se o retiverdes tal como vo-lo tenho anunciado; se não é que crestes em vão.

A minha palavra, e a minha pregação, não constituiu em palavras persuasivas de sabedoria humana, mas em demonstração de Espírito e de poder, para que a vossa fé não se apoiasse em sabedoria dos homens, mas no poder de Deus. Porque primeiramente vos entreguei o que também recebi: que Cristo morreu por nossos pecados, segundo as Escrituras, e que foi sepultado, e que ressuscitou ao terceiro dia, segundo as Escrituras, e que foi visto por Cefas, e depois pelos doze.

Mas temo que, assim como a serpente enganou a Eva com a sua astúcia, assim também sejam de alguma sorte corrompidos os vossos sentidos, e se apartem da simplicidade que há em Cristo. Porque, se alguém for pregar-vos outro Jesus que nós não temos pregado, ou se recebeis outro espírito que não recebestes, ou outro evangelho que não abraçastes, com razão o sofrereis.

Porque a palavra da cruz é loucura para os que perecem; mas para nós, que somos salvos, é o poder de Deus. Ora, o homem natural não compreende as coisas do Espírito de Deus, porque lhe parecem loucura; e não pode entendê-las, porque elas se discernem espiritualmente. Mas o que é espiritual discerne bem tudo, e ele de ninguém é discernido. Porque, quem conheceu a mente do Senhor, para que possa instruí-lo? Mas nós temos a mente de Cristo.

Assim como já vo-lo dissemos, agora de novo vo-lo digo. Se alguém vos anunciar outro evangelho além do que já recebestes, seja anátema. Ninguém vos domine a seu bel-prazer com pretexto de humildade e culto dos anjos, metendo-se em coisas que não viu; estando debalde inchado na sua carnal compreensão, e não ligado à cabeça, da qual todo o corpo, provido e organizado pelas juntas e ligaduras, vai crescendo em aumento de Deus.

Mas, ainda que nós mesmos ou um anjo do céu vos anuncie outro evangelho além do que já vos tenho anunciado, seja anátema. Mas faço-vos saber, irmãos, que o evangelho que por mim foi anunciado não é segundo os homens. Porque não o recebi, nem aprendi de homem algum, mas pela revelação de Jesus Cristo.

Porque nunca deixei de vos anunciar todo o conselho de Deus. Mas, como está escrito: As coisas que o olho não viu, e o ouvido não ouviu, e não subiram ao coração do homem, são as que Deus preparou para os que o amam. Mas Deus no-las revelou pelo seu Espírito; porque o Espírito penetra todas as coisas, ainda as profundezas de Deus.

Olhai por vós, e por todo o rebanho sobre que o Espírito Santo vos constituiu bispos, para apascentardes a igreja de Deus, que ele resgatou com seu próprio sangue. Porque eu sei isto, que, depois da minha partida, entrarão no meio de vós lobos cruéis, que não perdoarão ao rebanho; e que dentre vós mesmos se levantarão homens que falarão coisas perversas, para atraírem os discípulos após si.

Então, irmãos, estai firmes e retende as tradições que vos foram ensinadas, seja por palavra, seja por epístola nossa. Mandamo-vos, porém, irmãos, em nome de nosso Senhor Jesus Cristo, que vos aparteis de todo o irmão que andar desordenadamente, e não segundo a tradição que de nós recebeu.

Se alguém não ama ao Senhor Jesus Cristo, seja anátema; maranata! O meu amor seja com todos vós em Cristo Jesus. Amém! A graça do Senhor Jesus Cristo, e o amor de Deus, e a comunhão do Espírito Santo seja com vós todos. Amém.[1]

Bem, como a Palavra de Deus, divinamente inspirada (2 Tm 3.16), não pode ser mudada e permanece para sempre (1 Pe 1.23-25), a décima quarta epístola paulina nada mais é do que uma seleção de "tudo que dantes foi escrito". Afinal, Paulo — melhor do que ninguém — sabia o quanto é importante não irmos "além do que está escrito".

Você pode dizer "amém"?

Em tempo, se você quiser compartilhar algo sobre o evangelho de Cristo, escreva-me: ciro.sanches@uol.com.br.

[1] Apesar de começar com "Paulo" e terminar com "Amém", características marcantes de todas as epístolas paulinas, o texto acima é apenas uma transcrição encadeada de passagens em que Paulo defendeu o verdadeiro evangelho de Cristo (Rm 1.1,2,16,17; 1 Co 11.23; Rm 15.4; 2 Tm 3.16,17 (ARA); 1 Co 2.1-3; 1.22,23; 15.1,2; 2.4,5; 15.3-5; 2 Co 11.3,4; 1 Co 1.18; 2.14-16; Gl 1.9; Cl 2.18,19; Gl 1.8,11,12; At 20.27; 1 Co 2.9,10; At 20.28-30; 2 Ts 2.15; 3.6; 1 Co 16.22,24; 2 Co 13.13).

Bibliografia

ANDRADE, Claudionor Corrêa de. *Fundamentos Bíblicos de um Autêntico Avivamento.* Rio de Janeiro: CPAD, 2004.

______, Claudionor Corrêa de. *Paulo em Atenas.* Rio de Janeiro: CPAD, 1986.

BALL, Charles Ferguson. *A Vida e os Tempos do Apóstolo Paulo.* Rio de Janeiro: CPAD, 1998.

BERGSTÉN, Eurico. *Introdução à Teologia Sistemática.* Rio de Janeiro: CPAD, 1999.

BÍCEGO, Valdir. *Manual de Evangelismo.* Rio de Janeiro: CPAD, 1997.

BLANCHARD, John. *Rock in Igreja?!.* São José dos Campos: Fiel, 1989.

BRANDT, L. Robert, BICKET, Zenas J., GAARDER. *Teologia Bíblica da Oração.* Rio de Janeiro: CPAD, 2003.

BYGRAVE, Mike. *Rock, o Ritmo do Século.* Lisboa: Editorial Verbo, 1977.

CHACON, Paulo. *O que É Rock.* São Paulo: Brasiliense, 1982.

COLSON, Charles, PEARCEY, Nancy. *E Agora, como Viveremos?.* Rio de Janeiro, CPAD, 2000.

COUTO, Geremias do. *Lições Bíblicas.* Rio de Janeiro, CPAD, 4º. Trimestre de 2005.

COTRIM, Gilberto. *Fundamentos da Filosofia.* São Paulo: Saraiva, 1989.

DOWLEY, Tim. *Pequeno Atlas Bíblico.* Rio de Janeiro: CPAD, 2006.

GILBERTO, Antonio. *A Bíblia Através dos Séculos.* Rio de Janeiro, CPAD, 1986.

______, Antonio. *Verdades Pentecostais.* Rio de Janeiro, CPAD, 2006.

GUNDRY, Robert H. *Panorama do Novo Testamento.* São Paulo: Vida Nova, 1996.

HANEGRAAFF, Hank. *Cristianismo em Crise*. Rio de Janeiro: CPAD, 1996.

______, Hank. *A Armadura Espiritual*. Rio de Janeiro: CPAD, 2005.

HELLERN, Victor, NOTAKER, Henry, GAARDER, Jostein. *O Livro das Religiões*. São Paulo: Companhia das Letras, 2001.

HODGE, Charles. *Teologia Sistemática*. São Paulo: Hagnos, 2001.

HORTON, Stanley M. *Teologia Sistemática*. Rio de Janeiro: CPAD, 1996.

HUNT, Dave. *A Sedução do Cristianismo*. Porto Alegre: Chamada da Meia-Noite, 1999.

JOHNSON, Dan D. *Os Perigos Traiçoeiros do Rock*. São Paulo: Imprensa Batista Regular, 1991.

KELLER, Werner. *E a Bíblia Tinha Razão*. São Paulo: Círculo do Livro, 1978.

LUTZER, Erwin W. *Quem É Você para Julgar?* Rio de Janeiro: CPAD, 2005.

McKENZIE, John L. *Dicionário Bíblico*. São Paulo: Paulus, 1983.

MENDES, Miriam Garcia. *A Dança*. São Paulo: Ática, 1985.

MONTANARI, Valdir. *História da Música — da Idade da Pedra à Idade do Rock*. São Paulo: Ática, 1988.

MORRIS, Henry. *Criação ou Evolução*. São Paulo: Fiel, 1984.

MUGGIATI, Roberto. *Rock, o Grito e o Mito*. Petrópolis: Vozes, 1973.

OLIVEIRA, Joanyr de. *A Igreja que Desejamos*. São Paulo: Vida, 1989.

OLIVEIRA, Raimundo Ferreira de. *Seitas e Heresias, um Sinal dos Tempos*. Rio de Janeiro: CPAD, 1987.

SEYMOUR-SMITH, Martin. *Os Cem Livros que Mais Influenciaram a Humanidade*. Rio de Janeiro: DIFEL, 2002.

SMITH, Oswald. *O Homem que Deus Usa*. São Paulo: Vida, 1996.

SOARES, Esequias. *Heresias e Modismos*. Rio de Janeiro: CPAD, 2006.

STEFANI, Gino. *Compreender a Música*. Lisboa: Editorial Presença, 1987.

THIESSEN, Henry Clarence. *Palestras em Teologia Sistemática*. São Paulo: Imprensa Batista Regular, 2001.

TOFFLER, Alvin e Heidi. *Criando uma Nova Civilização*. Rio de Janeiro: Record, 1994.

VINE, W. E., UNGER, Merril F., JR., William White. *Dicionário Vine*. Rio de Janeiro: CPAD, 2002.

ZIBORDI, Ciro Sanches. *Erros que os Pregadores Devem Evitar*. Rio de Janeiro: CPAD, 2005.

______, Ciro Sanches. *Adolescentes S/A*. Rio de Janeiro: CPAD, 2004.

______, Ciro Sanches. *Perguntas Intrigantes que os Jovens Costumam Fazer*. Rio de Janeiro: CPAD, 2003.